ADAC Reiseführer

Zypern

von Edda und Michael Neumann-Adrian

Intro

Unterwegs

Gazimağusa und der Osten – Glanz der Geschichte, Stille der Natur 95

Girne und der Nordwesten – zwischen Meer und Gebirge 111

Zypern Kaleidoskop

Karten und Pläne

Service

Leserforum

Die Meinung unserer Leserinnen und Leser ist wichtig, daher freuen wir uns von Ihnen zu hören. Wenn Ihnen dieser Reiseführer gefällt, wenn Sie Hinweise zu den Inhalten haben – Ergänzungs- und Verbesserungsvorschläge, Tipps und Korrekturen – dann kontaktieren Sie uns bitte:

Redaktion ADAC Reiseführer
ADAC Verlag GmbH
Am Westpark 8, 81365 München
Tel. 089/76 76 41 59
verlag@adac.de
www.adac.de/reisefuehrer

Zypern Impressionen

Die Sonneninsel der goldgekrönten Aphrodite

Ein Traumbild ist seit der Antike mit den Küsten der Insel Zypern verbunden. Denn hier soll einst, wie Hesiod in der Theogonie berichtet, Aphrodite, die Göttin der Schönheit und der Liebe, dem Schaum des Meeres entstiegen sein. Keiner anderen Insel der Welt ist wohl eine vergleichbar liebliche Aura eigen – und dann wieder eher nüchtern betrachtet: Das Meer ist für Zypern stets ein prägendes und verbindendes Element gewesen. Die nach Sizilien und Sardinien **drittgrößte Insel** des Mittelmeers mit ihrem spürbar kosmopolitischen Flair (eine der drei Landessprachen ist Englisch) liegt schließlich – gerahmt von den Ländern Türkei, Syrien, Libanon, Israel und Ägypten – im Schnittpunkt von drei Kontinenten.

Erbe vieler Herren

Und tatsächlich war Zypern wegen seiner Kupfervorkommen und seines Holzreichtums, wegen seiner Fruchtbarkeit und seiner *strategischen Lage* zwischen Orient und Okzident über Jahrtausende hinweg ein Objekt der Begierde. Kaisern, Satrapen und Sultanen, Piraten und Kolonialherren hat sich die Sonneninsel immer wieder beugen müssen, den Persern im 6. Jh. v. Chr. genauso wie den Briten, die sich vor über 40 Jahren eigentlich nicht von ihrer Kronkolonie trennen wollten.

In Lefkosia, Larnaka, Paphos, Gazimağusa und Girne bewundern heutige Besucher freilich so manche Hinterlassenschaft dieser Zypern-Okkupanten als Meisterwerke der Kunst und Architektur.

Dazu zählt vor allem die Fülle **römischer Mosaiken**, die im Mittelmeerraum beinah einzigartig genannt werden könnte. Römische Statthalter und Groß-

grundbesitzer schmückten mit diesen ›steinernen Teppichen‹ die Fußböden ihrer Villen im Süden Zyperns, vor allem in Paphos und Kourion. Glanzlichter **gotischer Baukunst** wiederum wie die Kirchen von Lefkoşa (Nikosia) und Gazimağusa oder die Abtei Bellapais finden sich meist im Norden der Insel.

Oben: *Ruinenromantik par excellence – St. Georg in Gazimağusa*
Unten: *Perfektes Postkartenidyll – Sandstrand der Akamas-Halbinsel*
Links oben: *Aphrodite lässt grüßen*
Links unten: *Eine mediterrane Landschaft wie gemalt – die Machairas-Berge*

Ein weiteres, ganz anderes Erbe der Zypern-Eroberer ist für die meisten Touristen gewöhnungsbedürftig: das **Linksfahrgebot**, das den Abzug der britischen Kolonialmacht überdauerte.

Ein mediterranes Bilderbuch

Die zyprische **Gastfreundschaft** ist vielleicht noch herzlicher und weltoffener als die in Griechenland und in der Türkei. Und so kommen Jahr für Jahr mehr Gäste aus aller Welt auf die Insel – auch um hier die üppige mediterrane **Natur** mit ihren Palmen und Zypressen, Erdbeerbäumen und Agaven, mit der berauschenden Schönheit von Oleander- und Bougainvillea-Blüten zu genießen.

Vielfältig sind Zyperns Landschaften, und zwar in beiden Inselteilen, in der *Republik Zypern* (im Folgenden verkürzt und ohne politischen Bezug Süden genannt) und in der *Türkischen Republik Nordzypern* (hier Norden genannt). Beliebte Wanderziele sind die beiden **Gebirge**: das **Troodos-Massiv** im Süden, das mit seinem piniengrünen Waldkleid bis auf fast 2000 m Höhe klettert, und das **Beşparmak-(Kyrenia-)Gebirge** im Norden, das sich mit nur halb so hohen Gipfeln viel schroffer und karger darbietet und von romantischen Burgruinen hoch über dem Meer geschmückt wird. In den Tälern des Troodos sind Tausende von Zedern und Dutzende der inzwischen so berühmten, z. T. von der UNESCO geschützten *Scheunendachkirchen* mit jahrhundertealten Fresken und kostbaren Ikonen zu bewundern.

Zwischen den beiden Gebirgen breitet sich die **Mesaoria-Ebene** aus, im Frühling ein wahres Arkadien aus Zitrusplantagen, Olivenhainen und Getreidefeldern. Als ein eigener, dritter Landschaftstyp präsentiert sich das **Hügelland** der Gebirgsausläufer. Hier dehnen sich bis in die Küstenebenen hinab subtropische Gärten aus, wachsen dicht belaubte Johannisbrotbäume. Vor allem aus dem Süden dieser Region kommen die trockenen Weiß- und Rotweine sowie der schwere Kommandaria-Süßwein.

Zypernsonne rund ums Jahr

Von besonderem Reiz und touristisch bedeutsam ist natürlich die Küstenlandschaft. So laden die berühmten langen

Oben: *Byzantinische Fresken in der Panagia Phorbiotissa von Asinou*
Unten: *Antikes Mosaik-Meisterwerk ›Leda mit dem Schwan‹ (3. Jh.)*
Links oben: *Blick auf die kostbare Ikonostase des Kykkos-Klosters*
Links Mitte: *Arab-Achmet-Moschee aus dem 17. Jh. in Lefkoşa*
Links unten: *Eine Oase der Ruhe ist das Brunnenhaus des Agia-Napa-Klosters*

Strände und bizarren **Felsbuchten** etwa bei Agia Napa, Protaras und Larnaka, an der Akrotiri-Bucht, nördlich von Paphos und bei Polís, nördlich von Gazimağusa oder an der Karpaz-Halbinsel zum Sonnenbaden und Schwimmen ein. Ferienspaß ist selbstverständlich.

Doch damit nicht genug: Das besondere Kapital Zyperns ist die Beständigkeit des **Klimas**. Der Süden wie der Norden der Insel bringen es auf durchschnittlich 340 Sonnentage im Jahr. Weil an den Küsten selbst in Januarnächten das Thermometer selten unter 8 °C sinkt und das Wasser zugleich erträgliche 17 °C behält, zieht der südliche Teil immer häufiger auch sog. weiß-blaue **Winterurlauber** an, die heute über die schneeglitzernden Pisten des Olympos wedeln und morgen ein erfrischendes Bad im blauen Meer genießen.

An den attraktiven Stränden des Inselsüdens nimmt übrigens von Jahr zu Jahr die Zahl der ›Blauen Flaggen‹ zu, die nicht nur für beste Wasserqualität vergeben werden, sondern auch für spürbares Umweltengagement.

Dass Aphrodite, die schaumgeborene Griechengöttin, keine andere als gerade diese Insel zu ihrer Heimat erkor, nimmt da nicht Wunder und die antiken Mythen hören nicht auf, die Schönheit der zyprischen Natur zu preisen. So sollen Gras und Blüten unter den Füßen der Liebesgöttin gesprossen sein. Es könnte damals gut **Frühjahr** gewesen sein, jene Jahreszeit von Februar bis April, in der Zypern heute mit dem Gelb von Millionen Mimosenblüten und unzähligen Fenchelstauden, mit dem unglaublich tiefen Meeresblau und dem satten Grün der Wiesen einfach unwiderstehlich ist. In

den **Sommermonaten** Mai bis September dann kommen all jene auf ihre Kosten, die es am liebsten so richtig heiß mögen – oder sich zur Sommerfrische in die kühleren Höhen des Troodos-Gebirges zurückziehen möchten. Der **Herbst** schließlich eignet sich bestens für ausgedehnte Wanderungen und Rundfahrten.

Gute Nachricht von der Green Line

Was lange währt, wird endlich besser: EU-Bürger können sich wieder frei auf Zypern bewegen, die Zeiten, in denen man vom Norden aus nicht in den Süden reisen durfte, sind vorbei. Mittlerweile darf die Green Line, die von UN-Truppen bewachte Demarkationslinie zwischen der Republik Zypern und Nordzypern, mit einem Balttvisum, das man an der Grenze bekommt, überschritten werden – nicht nur vom Süden, sondern auch vom Norden aus. Sogar ein Auto darf man vom Süden in den Norden mitnehmen. Für die Aufenthaltsdauer im Norden muss allerdings an der Grenze eine Kfz-Haftpflichtversicherung abgeschlossen werden.

Für ältere Zyprioten ist die Erinnerung an die Ära der Gewalt, die in den 60er- und frühen 70er-Jahren sowie bei der **Teilung** 1974 so viele um ihre angestammte Heimat, um Gesundheit und Leben brachte, schmerzhaft und lebendig. Als Außenstehender tut man gut daran, eher Verständnis für dünnhäutige Reaktionen zu zeigen, als mit politischen Patentrezepten aufzuwarten.

Der EU-Beitritt der Republik Zypern im Mai 2004 sorgte im April 2004 für hektische Betriebsamkeit. Unter Vermittlung des UN-Generalsekretärs Kofi Annan wurde ein Plan zur Wiedervereinigung ausgearbeitet und der Bevölkerung der beiden zyprischen Staaten zur Abstimmung vorgelegt. Nach den Vorstellungen der Vereinten Nationen und der Europäer sollte eine zyprische Föderation entstehen, in der Griechen und Türken ihre Eigenständigkeit weitgehend behalten hätten. Doch bei der Volksabstimmung wandte sich die Mehrheit der griechischen Zyprioten gegen die Wiedervereinigung.

Die ganze Insel darf es sein

Gemeinsam ist beiden Inselteilen, dass der **Tourismus** zu einer wichtigen Erwerbsquelle geworden ist, wenn auch die Gästezahlen im Süden mit fast 3 Mio. um etwa das Zehnfache höher sind als im Norden. Grund dafür war vor allem die umständlichere Anreise in den Norden, es besteht also Aussicht auf weitere Zuwächse.

Im Süden wird höchster Standard in einer stattlichen Reihe von Vier- und Fünf-Sterne-Hotels geboten, während es im Norden nur einige wenige gute Adressen mit Topkomfort gibt. Ähnliches gilt für Exkursions- und Sportprogramme

Oben: *Himmlischer Frieden im Klosterhof von Agia Napa*
Unten: *Coral Bay – bester Badeplatz an der Westküste*
Rechts oben: *Paphos – Hafenidyll mit Kastell*
Rechts unten: *Munteres Markttreiben in Larnaka*

und speziell für die Restaurants. Im Süden existiert eine reiche Auswahl an Lokalen, im Norden hingegen gibt es mancherorts nur schlichte Tavernen.

Geruhsamkeit und *Ländlichkeit* sind zwar in beiden Teilen der Insel zu erleben, im Süden an den Badeküsten mit ihren weitläufigen Hotelarealen aber eher als Ausnahme und im Norden auch nicht mehr die Regel. Im Neubauboom des Nordens entstanden an noch unberührten Küstenabschnitten Abertausende von Villen und Zweitwohnungen, die vor allem von Briten gekauft werden.

Sollte es den griechischen und türkischen Zyprioten in den nächsten Jahren gelingen, ihre Schwierigkeiten zu bereinigen und sich noch weiter anzunähern und gemeinsam die Natur und Landschaft der Insel zu schützen, dann steht dem Tourismus auf der Insel tatsächlich eine noch goldenere Zukunft bevor.

Der Reiseführer

Dieser Band stellt die beliebte Urlaubsinsel Zypern in **acht Kapiteln** vor, von denen vier dem Süden, zwei dem Norden sowie zwei der geteilten Hauptstadt gewidmet sind. Die **Top Tipps** bieten Empfehlungen zu Sehenswürdigkeiten, Hotels, Restaurants, Stränden etc. **Übersichtskarten** und **Stadtpläne** erleichtern die Orientierung. Den Besichtigungspunkten sind **Praktische Hinweise** mit Tourismusbüros sowie Hotel- und Restaurantempfehlungen angefügt. Der **Aktuelle Teil** bietet, alphabetisch geordnet, Nützliches von Informationen vor Reiseantritt über Essen und Trinken bis zu Verkehrsmitteln. Hinzu kommt ein umfassender **Sprachführer**. **Kurzessays** runden den Reiseführer ab.

In diesem Band sind **Ortsnamen** zu Beginn jedes Textes in griechischer und türkischer Fassung genannt, wenn beide Formen existieren. In einigen Fällen gibt es mehrere Namensvarianten, weshalb z. B. die Bezeichnungen auf Karten und Ortsschildern differieren können. Wir haben uns so weit wie möglich um Einheitlichkeit und Authentizität bemüht. Übrigens: Für die Städte Nikosia und Limassol gelten heute offiziell die alten Bezeichnungen Lefkosia/Lefkoşa und Lemesos, für Famagusta türkisch Gazimağusa, griechisch Ammochostos.

Geschichte, Kunst, Kultur im Überblick

Wiege der Kultur und letztes geteiltes Land Europas

um 7000–3900 v. Chr. In der Jungsteinzeit (Neolithikum) gründen Einwanderer aus Kleinasien und dem syrischen Raum z. B. in Chirokitia nahe der heutigen Autobahn Larnaka–Lemesos erste Siedlungen aus Steinhäusern.

um 3900–1900 v. Chr. An das Chalkolithikum (Steinkupferzeit), in dem auf Zypern Kupfer gewonnen, verarbeitet und exportiert wird, schließt sich um 2500 v. Chr. die frühe Bronzezeit an. In dieser Epoche wird die Technik der Bronzeherstellung aus Anatolien importiert.

1900–1600 v. Chr. In der mittleren Bronzezeit entstehen die ersten Städte, z. B. Lapithos an der Nordküste und Kition (heute Larnaka).

16. Jh. v. Chr. Das Stadtkönigtum Enkomi (nordwestlich von Famagusta) erlebt eine Blütezeit und betreibt Kupferexport.

ab 1500 v. Chr. Auf keramischen Gefäßen findet sich die kypro-minoische Silbenschrift.

14./13. Jh. v. Chr. Umfangreiche Funde spätmykenischer Keramik dokumentieren Zyperns Bedeutung als ein Zentrum mykenischer Kultur.

ab 1200 v. Chr. Zypern wird von griechischen Einwanderern vom Peloponnes kolonisiert.

1050–725 v. Chr. In die Eisenzeit fällt der Aufschwung der Stadtkönigtümer von Salamis, das die Nachfolge des durch ein Erdbeben zerstörten Enkomi einnimmt, von Kition, dem späteren Larnaka, sowie von Amathous oder Tamassos. Die Bevölkerung besteht aus Eteokyprern, einem alteingesessenen orientalischen Volk, und aus Achäern (Griechen). An der Südküste bei Kition siedeln sich um 800 v. Chr. Phönizier an.

725–475 v. Chr. In der kypro-archaischen Periode beherrschen orientalische Großmächte (Assyrer, Ägypter, Perser) Zypern, auch die Kunst, z. B. Keramik und Vasenmalerei, ist orientalisch beeinflusst.

Nur wenige Jahre, 47–31 v. Chr., gehört Zypern zum Herrschaftsbereich der Königin Kleopatra von Ägypten

um 540–333 v. Chr. Zypern gehört zum persischen Großreich. Wiederholt werden Aufstände der Bevölkerung brutal niedergeschlagen. Auch die Einigung aller Stadtkönigtümer unter Euagoras I., König von Salamis, wird von den Persern 379 v. Chr. gewaltsam beendet.

333 v. Chr. Der Makedone Alexander der Große besiegt die Perser u. a. bei Issos (heute Südosttürkei). Zypern gehört ab 331 zu seinem Reich. Nach 323 von Alexanders Nachfolgern, den Diadochen, umkämpft, fällt die Insel an die in Ägypten residierenden Ptolemäer.

294–258 v. Chr. Unter der Ptolemäer-Herrschaft setzt sich die griechische Sprache in der ägyptischen Provinz Zypern durch. Hauptstadt wird Nea-Paphos (heute Paphos).

58 v. Chr. Zypern wird Teil des Römischen Imperiums.

47–31 v. Chr. Unter Königin Kleopatra gehört Zypern wieder zu Ägypten.

1.–3. Jh. n. Chr. Die römische Provinz Zypern erlebt eine Blütezeit, in Salamis, Paphos und Kourion entstehen Prachtbauten mit reichem Mosaikenschmuck.

45/46 Die Apostel Paulus und Barnabas missionieren auf Zypern.

61 Barnabas, erster Bischof Zyperns, stirbt in Salamis als Märtyrer.

313 Kaiser Konstantin gestattet den Christen die Ausübung ihrer Religion. Seine Mutter, die hl. Helena, stiftet 327 das Kloster Stavrovouni 40 km nordwestlich von Larnaka.

332 und 342 Schwere Erdbeben zerstören große Teile der hellenistischen und weströmischen Bauten. Das wieder aufgebaute Salamis wird in Constantia umbenannt.

391 Auch auf Zypern wird das Christentum Staatsreligion. Heidnische Kulte und Bilder werden verboten.

395 Nach der Teilung des Römischen Reiches gehört Zypern fortan zu Ostrom (Byzanz).

478 Die zyprische Kirche wird unabhängig (Autokephalie), Anlass ist die Auffindung der Gebeine des hl. Barnabas bei Constantia (Salamis).

7.–10. Jh. Immer wieder überfallen Araber die Insel, die bisweilen gleichzeitig Steuern an Byzanz und Tri-

Nach dem Sieg Alexanders des Großen über die Perser schlagen sich die zyprischen Stadtkönigtümer auf seine Seite ▷

but an die Araber zahlt. Handel und künstlerische Aktivitäten erlahmen.

965 Der byzantinische Kaiser Nikephoros Phokas II. setzt mit Heer und Flotte den Araberinvasionen ein Ende.

10./11. Jh. Phase des Friedens und der Erneuerung, die sakrale Kunst blüht auf. Zeugnis davon legen zahlreiche Mehrkuppelkirchen und kostbare Fresken in Peristonera, Geroskipou oder Larnaka ab.

1054 Trennung des östlichen und westlichen Christentums aus dogmatischen Gründen mit politisch relevanten Folgen bis in die Neuzeit.

1185–1191 Isaak Komnenos aus der regierenden byzantinischen Dynastie erklärt sich zum Kaiser von Zypern.

1191/92 Auf dem 3. Kreuzzug ins Heilige Land erobert der englische König Richard Löwenherz Zypern und veräußert es zunächst an den Templerorden, der es im Jahr darauf an den französischen Kreuzritter Guy de Lusignan weitergibt.

1192–1489 Fränkische, d.h. französische Herrschaft der Lusignan-Dynastie. Die römisch-katholische wird offizielle Religion, Anhänger der orthodoxen Kirche werden verfolgt. Eine kleine Kreuzritter-Adelsschicht regiert auf Zypern. Die Lusignan-Könige lassen z.B. die Kathedralen von Nikosia und Famagusta, die Abtei Bellapais und mehrere Burgen im Stil französischer Gotik errichten.

1291 Nachdem Palästina muslimisch geworden ist, retten sich die Johanniterritter von dort nach Zypern und gründen die Kommende von Kolossi. Auf diese geht z.B. die bis heute bestehende Tradition des Weinanbaus zurück.

1372–74 Kurzzeitige Vormachtstellung der Genuesen auf Zypern.

1426 Bei einem Überfall der ägyptischen Mamelucken-Krieger wird der wegen seiner Gutmütigkeit ›Janos der Gute‹ genannte Lusignan-Herrscher entführt.

1453 Türkische Osmanen erobern Konstantinopel, die Hauptstadt des Byzantinischen Reiches. Zypern ist eine der letzten Bastionen westlicher Herrschaft im östlichen Mittelmeer.

1489 Die Witwe des letzten Lusignan-Herrschers, die Venezianerin Caterina Cornaro, vermacht Zypern unter politischem Druck der Republik Venedig.

Isaak Komnenos ruft sich 1185 zum Kaiser von Zypern aus. Auf der Insel beginnt eine Zeit der Schreckensherrschaft

1489–1571 Die Venezianer befestigen Famagusta, Nikosia und Kyrenia mit den noch heute existierenden Bastionen.

1571 Nach der Eroberung durch osmanische Truppen gehört Zypern bis 1878, staatsrechtlich bis 1914, zum Osmanischen Reich. Die muslimische Bevölkerung wächst durch Religionswechsel und Zuwanderung. Christen werden geduldet, zahlen aber Sondersteuern.

um 1800 Als Mittelsmann (Dragoman) zwischen der Hohen Pforte, der Sultansregierung in Istanbul und den griechischen Zyprioten spielt Hadjigeorgakis Kornesios eine wichtige Rolle. Sein Haus in Lefkosia/Nikosia ist heute Museum.

1821 Im beginnenden Freiheitskampf der Festlandsgriechen gegen die Osmanen werden der zyprische Erzbischof Kyprianos und mehrere andere Geistliche [s. S. 24] hingerichtet.

1878 Das geschwächte Osmanische Reich verpachtet Zypern an Großbritannien. Neue Zuwanderung von Griechen.

1914 Großbritannien annektiert Zypern, da das Osmanische Reich im Ersten Weltkrieg aufseiten seiner Feinde steht.

◁ *Auf dem 3. Kreuzzug (1189–92) erobert Richard Löwenherz Zypern*

1925 Zypern wird britische Kronkolonie, der Anschluss an Griechenland wird verhindert.
1931 Die Forderungen und Aktionen der Griechisch sprechenden Zyprioten, welche die Enosis (Vereinigung mit Griechenland) verlangen, werden abgelehnt und unterdrückt.
1940–45 Im Zweiten Weltkrieg kämpfen Zyprioten in der britischen Armee, Großbritannien verweigert weiterhin sowohl die Enosis als auch Autonomie.
1950 Im Alter von 37 Jahren wird Makarios III. (Michalidis Christodoulou Mouskos) Erzbischof von Zypern. Er engagiert sich bei der UNO für die Enosis.
1955 Der zyprische General Georgios Grivas führt die Untergrundbewegung EOKA (Nationale Organisation griechischer Kämpfer) an, die mit terroristischen Aktionen gegen die britische Kolonialmacht kämpft.
1956/57 Gewaltsame Übergriffe der fanatisch-nationalen Enosis-Bewegung gegen die Türkisch sprechenden Zyprioten haben bewaffnete Gegenreaktionen von deren Seite zur Folge.
1960 Unter internationalem Druck entlässt Großbritannien Zypern in die Unabhängigkeit, behält aber Militärstützpunkte auf der Insel. Makarios III. wird Staatspräsident der Republik Zypern. In den Londoner Verträgen garantieren Großbritannien, Griechenland und die Türkei als Schutzmächte die Verfassung, die den rund 20 % türkischen Zyprioten eine Beteiligung von 30 % in allen Staatsorganen zugesteht.
1963/64 Blutige ethnische Auseinandersetzungen brechen aus, als Makarios versucht, das Proporzsystem zugunsten der griechischen Mehrheit aufzuheben. Die UNO schickt 1964 eine rund 6000 Mann starke Friedenstruppe, genannt UNFI-CYP, nach Zypern. Die türkisch-zypriotische Volksgruppe wird vielerorts von der EOKA so bedrängt, dass sie sich in Enklaven rettet.

1960 wird Erzbischof Makarios III. erster Staatspräsident der Republik Zypern

1967 In Athen putscht eine Militärjunta (Obristen), die viele Anhänger unter den griechischen Offizieren der zypriotischen Armee hat. Die griechische Junta strebt einen Umsturz auf Zypern an. Zugleich aktiviert sich von neuem die EOKA-II, wieder unter General Grivas.
1974 Offiziere der zyprischen Nationalgarde putschen in Verbindung mit der Athener Junta in Lefkosia/Nikosia und beschießen den Präsidentenpalast, doch Makarios III. kann fliehen. Als eine der drei Garantiemächte des Londoner Vertrags greift die Türkei mit ihrer Armee ein und besetzt, weil sie die türkische Volksgruppe bedroht sieht, im Norden etwa 37 % des Inselterritoriums. Nach dem Ende des Putsches kehrt Makarios III. zurück, doch die türkische Armee gibt das besetzte Gebiet nicht frei. Die seit 1964 anwesenden UNO-Friedenstruppen kontrollieren seit 1974 die Demarkationslinie zwischen dem Süden und Norden und richten eine Pufferzone ein. Bis auf winzige Minderheiten fliehen die griechischen Zyprioten aus dem Norden in den Süden, die türkischen Zyprioten aus dem Süden in den Norden. Insgesamt handelt es sich etwa um eine Viertelmillion Flüchtlinge.
1975 Im türkisch besetzten Gebiet wird ein ›Föderativer türkisch-zypriotischer Staat‹ proklamiert und Rauf Denktaş zum Präsidenten ernannt.
1977 Nach dem Tod von Makarios wird der Politiker

Symbol für die Tragödie Zyperns – ›Geisterstadt‹ Varoscha nach der Teilung der Insel

Spyros Kyprianou Staatspräsident der Republik Zypern. Weltliches und geistliches Amt sind wieder getrennt.

1980 Der Tourismus im Süden Zyperns ist auf Erfolgskurs. 335 000 Urlauber besuchen die Republik.

1983 Rauf Denktaş ist Präsident der neu benannten, unabhängigen ›Türkischen Republik Nordzypern‹, die nur von der Türkei anerkannt wird. Das bedeutet wirtschaftlichen und diplomatischen Boykott auf internationaler Ebene.

ab 1988 Die Teilung des Landes kommt ohne jeden Erfolg immer wieder auf die Tagesordnung von UNO- und Gipfelgesprächen. Bis heute sind Friedenstruppen auf Zypern stationiert.

ab 1990 Die Republik Zypern beantragt die Vollmitgliedschaft in der Europäischen Union, die EU macht jedoch die Lösung des Teilungsproblems zur Vorbedingung. Im Unterschied zum Norden der Insel verzeichnet die Republik Zypern einen Wirtschaftsboom durch Bank- und Offshore-Geschäfte (Steuerparadies) sowie mit der beachtlichen Handelsflotte.

1992 In Lefkosia wird eine Universität gegründet. Auch im Norden werden Universitäten eröffnet, u. a. die ›Eastern Mediterranean University‹ in Gazimağusa/Famagusta.

1995 Brände vernichten über 70 km² Wald im Beşparmak-(Kyrenia-)Gebirge.

1998 Neuwahlen in der Republik Zypern. Staatspräsident wird zum zweiten Mal Glafcos Clerides.

1999 Eines der exklusivsten Hotels im Mittelmeerraum, das ›Anassa‹, wird nördlich von Paphos eröffnet und die Einrichtung zweier Nationalparks – auf der Akamas-Halbinsel im Westen und der Karpaz-Halbinsel im Nordosten – beschlossen. Der Tourismus der Republik Zypern boomt, über 2 Mio. Gäste.

2004 Am 1. Mai tritt die griechische Republik Zypern der Europäischen Union bei. Die Wiedervereinigung Zyperns scheitert im April an der Ablehnung des entsprechenden Planes der Vereinten Nationen durch die griechischen Zyprioten, obwohl die EU die Vereinigung eigentlich zur Vorbedingung der Aufnahme in die Union gemacht hatte.

2005 Mehmet Ali Talat wird Nachfolger des langjährigen nordzyprischen Präsidenten Rauf Denktaş.

2006 Im Januar protestiert die Republik Zypern heftig gegen den Besuch des britischen Außenministers beim Staatspräsidenten Nordzyperns, da dieser als offizielle Anerkennung der Eigenstaatlichkeit Nordzyperns gewertet wird.

2007 Eröffnung des Grenzübergangs Pano Zodia (bei Morphou) im Troodos-/Solea-Tal für Fahrzeuge.

2008 Die Republik Zypern tritt am 1.1.2008 der Eurozone bei, übernimmt also den Euro.

UNO-Hilfslieferungen für die Minderheiten auf der nordzyprischen Halbinsel Karpaz

Ein atemberaubender Blick auf Girne an der Nordküste Zyperns bietet sich vom gotischen Kreuzgang des Klosters Bellapais

Unterwegs

Lefkosia und Umgebung – geteilte Hauptstadt mit reizvollen Ausflugszielen

In der tischflachen Mesaoria-Ebene breitet sich die südliche, größere Hälfte der geteilten Hauptstadt **Lefkosia/ Nikosia** immer weiter aus, mit weißen Neubauvierteln und Dörfern, welche in die heute rund 215 000 Einwohner zählende Stadt integriert wurden. Die Metropole Zyperns ist von fast ebenso ehrwürdigem Alter wie Rom. Sie bietet allerdings kaum antike Monumente, dafür jedoch eine Fülle faszinierender Zeugnisse des ›fränkischen Mittelalters‹, jener Epoche der französischen Lusignan-Dynastie, und der osmanischen Herrschaft – allen voran die kostbar ausgemalte griechisch-orthodoxe **Agios-Ioannis-Kathedrale** und die mächtige **Stadtbefestigung**, die zu den größten und besterhaltenen ganz Europas und des Orients zählt. Das **Zypern-Museum** mit seinen Sammlungen aus der 9000-jährigen Geschichte der Insel ist weit über die Landesgrenzen hinaus berühmt. Der quer durch die Altstadt verlaufenden **Green Line** hingegen, der Grenze zwischen dem griechischen und dem türkischen Teil Zyperns, wünscht man nur, dass sie möglichst bald entbehrlich werde. In den Wachtürmen sorgen seit 1974 UNO-Posten für Sicherheit [s. a. S. 14].

Seit dem Ausbau der *Autobahnen* ist Lefkosia für Besucher aus den Badeorten rasch zu erreichen. Wer sich für Zyperns Geschichte und seine Kunst interessiert, sollte allerdings mindestens zwei Tage Aufenthalt in der Stadt einplanen. Außerdem empfiehlt sich Lefkosia als Ausgangspunkt für Abstecher in den zyprischen Norden, in die Wälder des nahen **Troodos-Gebirges**, in das authentisch erhaltene Dorf **Fikardou**, zu den Königsgräbern der antiken Kupferstadt **Tamassos** oder in das Kloster **Machairas**.

1 Lefkosia/ Nikosia

Plan hintere Umschlagklappe

Faszinierende Zeugnisse der alten, europäisch und orientalisch geprägten Kultur Zyperns.

Von der Autobahn folgt man einem kilometerlangen Süd-Nord-Straßenzug durch ein vielstöckig aufragendes Wohn-, Verwaltungs- und Geschäftsviertel. Dem **Leoforos Lemesou** (Limassol Avenue) schließt sich der **Leoforos Archiepieskopou Makariou III.** an, den Designerboutiquen, Reklametafeln internationaler Markenfirmen und spiegelnde Bankenfassaden prägen. Nirgendwo sonst auf Zypern sind so viele Kinos und Restaurants von großstädtischem Zuschnitt zu finden wie in diesem Teil von Lefkosia. Die meisten Besucher aber zieht es in den Ring der historischen Mauern, der noch heute die Altstadt umschließt. Hier trifft man inmitten eines modernen Stadtbildes noch auf traditionelle Handwerksbetriebe, alte Kirchen, Moscheen und Museen und kann durch die Laiki Gitonia, das restaurierte Altstadtareal, schlendern, in dessen schmalen Gassen sich Läden, Cafés und Restaurants aneinanderreihen.

Geschichte Die Anfänge von Zyperns Hauptstadt liegen im Dunkel der **Bronzezeit**. Namentlich taucht die Siedlung erstmals im 7. Jh. v. Chr. unter der Bezeichnung *Ledra* als eines von zehn Stadtkönigtümern in **assyrischen Tributlisten** auf. Im 3. Jh. v. Chr. benannten die ptolemäischen **Ägypter** die Stadt in der damals so waldreichen Ebene nach Leukos,

Feine Flaniermeile – hübsch herausgeputzt hat sich Lefkosias Altstadt Laiki Gitonia

einem Sohn des Ptolemaios I. Soter, *Leukotheon*. Daraus entwickelten sich später der griechische Name *Lefkosia* und der türkische *Lefkoşa*. Während der **Römer-Herrschaft** lange im Schatten der Küstenstädte stehend, avancierte Lefkosia unter den Kaisern von **Byzanz** bereits im 4. Jh. n. Chr. zum Bischofssitz. Nach den Araberüberfällen des 7.–10. Jh. erlebte die Stadt ihren Wiederaufschwung zeitgleich mit dem des Byzantinischen Reichs um 965. Der fränkische Kreuzritter **Guy de Lusignan**, der Zypern 1192 dem Templerorden abgekauft hatte, machte Lefkosia wegen seiner Lage abseits der umkämpften und unsicheren Küstenstädte zur Metropole seines Königreichs. Sie hieß jetzt *Nikosia*. Ihr schützender Ring aus Mauern und Gräben erlebte während dieser Zeit einen Ausbau. Nachdem sich das mächtige Venedig 1489 Zypern angeeignet hatte, wurde der Befestigungsring angesichts der osmanischen Bedrohung erneut modernisiert. Dennoch erstürmte am 25. Juli 1570 das Heer **Mustafa Paschas** die Stadt. In den folgenden drei Jahrhunderten Sitz des osmanischen und von 1878 bis 1960 Sitz des **britischen Gouverneurs** blieb Lefkosia/Lefkoşa bis heute die Doppelhauptstadt der geteilten Insel.

Besichtigung Den Rundgang durch die Altstadt beginnt man am besten an der *Platia Archiepiskopou Makariou II.* (Parkplatz) nahe dem Mauerring. Gleich rechts auf der *Podocataro-Bastion* am Leoforos Nikiforou Foka stimmt das heroisierende **Freiheitsdenkmal** 1 von 1970 auf die Konflikte der jüngeren Geschichte ein. Es zeigt zwei Kämpfer der Untergrundorganisation EOKA, die Männern, Frauen und Kindern den Weg aus dem Gefängnis in die Freiheit öffnen, und symbolisiert damit das Ende des britischen Kolonialismus 1960.

Um den Erzbischöflichen Palast und die Kathedrale

Nur 200 m nordwestlich des Freiheitsdenkmals ragt seit dem Jahr 1987 an der *Platia Archiepiskopou Agiou Ioannou Kyprianou* die dunkle, fast 6 m hohe **Bronzestatue Erzbischofs Makarios III.** 2 auf, ein monumentales, Raum greifendes Werk. Bis heute wird der erste Präsident der Republik Zypern von den meisten Griechisch sprechenden Zyprioten als bedeutendster politischer Führer im Widerstand gegen die britische Kolonialmacht verehrt.

Das Denkmal steht vor dem stattlichen **Erzbischöflichen Palast** 3 (keine Besichtigung) im Neokolonialstil, den sich Makarios zwischen 1956 und 1961 hat erbauen lassen. Beim Anblick des Gebäudes mit seinen Arkaden wird sich manch einer an die dramatischen Stunden des 15. Juli 1974 erinnern, als die Putschisten den Palast mit ihrer Artillerie beschossen und der Erzbischof nur mit knapper Not entkam.

Die benachbarte orthodoxe **Johannes-Kathedrale** 4 (Mo–Sa 9–12 und 14–16 Uhr) stammt aus dem Jahr 1662, wurde aber erst 1736–56 vom Boden bis zur Decke ausgemalt. Die Passion Christi, das Jüngste Gericht (über dem Eingang) und die Gründung der zyprischen Nationalkirche unter Einfluss des Apostels Barnabas [s. S. 103 f.] sind die Hauptthemen der szenenreichen *Fresken*. Die große Anzahl der Figuren wie auch ihre Bewegtheit lassen deutlich die westlichen Einflüsse auf die traditionelle byzantinische Ikonographie erkennen. Wunderschön ist die ›Wurzel Jesse‹ über dem Südportal, der weit verzweigte Stammbaum Christi, der aus dem Leib von König Davids Vater Jesaias emporwächst. Dem für eine Kathedrale überraschend kleinen Innenraum geben neben der kostbaren Ausmalung auch der Glanz der Kristalllüster, das Gold der geschnitzten Ikonostase (18./19. Jh.) und die prunkvolle Krone über dem Sitz des Erzbischofs an der rechten Seitenwand sein Gepräge.

Das **Byzantinische Museum** 5 (Mo–Fr 9–16.30, Sa 9–13 Uhr) mit Zyperns kostbarster Sammlung religiöser Malerei ist in einem Nebentrakt des Erzbischöflichen Palastes untergebracht. In der großen Erdgeschosshalle wird eine reiche Auswahl an Tafelbildern und Fresken des 8.–19. Jh. aus alten Kirchen Zyperns präsentiert. Zu den Hauptwerken gehört ein

Dieser Anblick lässt niemanden kalt – das vielfigurige, heroisierende Freiheitsdenkmal (1970) symbolisiert das Ende des britischen Kolonialismus

Bild der *Muttergottes mit Kind* (12. Jh.) aus dem ehem. Kloster der Panagia tou Arakou bei Lagoudera [s. S. 58] und die *Thronende Muttergottes* aus der ehem. Kassian-Kirche in Lefkosia. Streng frontal mit reichem Goldschmuck wie ein byzantinischer Kaiser dargestellt, steht diese Maria in deutlichem Kontrast zu anderen hier gezeigten Bildtypen, bei denen die Muttergottes sich nach dem Vorbild westlicher Kunst dem Kind zuwendet und beispielsweise sein Ärmchen ergreift. Diese Abkehr von der traditionellen, streng orthodoxen Ikonenmalerei wurde ausgelöst durch die fast 400-jährige katholische Herrschaft der fränkischen Lusignan und der Venezianer auf der Insel Zypern.

Zu den Exponaten gehören auch die von unbekannten Tätern aus der Klosterkirche von Antifonitis [s. S. 111 f.] entwendeten Freskenfragmente, z. B. Heiligen- und Engelsköpfe, aus dem 15. Jh. Sie wurden von der Polizei in Deutschland sichergestellt und 1997 an die Republik Zypern zurückgegeben.

In der Sammlung *Europäische Malerei* im 1. Stock begegnet man den Meistern der Renaissance, des Barock und des Klassizismus einmal auf eher ungewohnte Weise: nämlich nicht in ihren Originalwerken, sondern in Kopien und Werken ihrer Schüler.

Die *Galerie des griechischen Unabhängigkeitskrieges* in einem Seitenflügel des

Oben: *Die überlebensgroße Statue Makarios' III. wacht vor dem neoklassizistischen Erzbischöflichen Palais*
Unten: *Auch diese Christusdarstellung (12. Jh.) gehört zu den kostbaren Schätzen des Byzantinischen Museums*

Zu neuen Ehren gekommen – das venezianische Famagusta-Tor in Lefkosia beherbergt heute das Städtische Kulturzentrum

Von Mauern und venezianischen Kunstformen der Verteidigung

Von einem Ring breiter Stadtmauern, aus dem 11 Bastionen in gleichmäßigen Abständen spitzwinklig hervorragen, ist **Lefkosia** umgeben. Das ergibt einen sternförmigen Grundriss und entspricht italienischen Entwürfen einer idealen **Stadtbefestigung**. Auch in Gazimağusa/Famagusta [Nr. 37] existiert eine ähnliche Anlage, dort sogar mit 15 Bastionen und einer turmförmigen Zitadelle, dem sagenhaften Schauplatz des Othello-Dramas. Mit diesen Bauwerken hatten die **Venezianer** 1558 bzw. 1567 begonnen, als **türkische Belagerung** drohte. Denn Zypern war nach den Eroberungsfeldzügen der Türken neben Kreta als einziger **christlicher Standort** übrig geblieben, umgeben von osmanisch beherrschten Anrainern des östlichen Mittelmeers. Die venezianischen Herren Zyperns beeilten sich deshalb sehr, ihre Hauptorte nach den neuesten Erkenntnissen der **Verteidigungstechnik** auch gegen Kanonenbeschuss zu sichern. Ohne Rücksicht rissen sie zu diesem Zweck ganze Viertel in der großen und reichen Stadt Lefkosia ab, um einen starken Mauerring mit weitem Schussfeld errichten zu können. Selbst das Dominikanerkloster vor dem Paphos-Tor mit den Gräbern der Lusignan-Könige musste diesem Bauprojekt weichen. In Lefkosia wie in Gazimağusa wurden schräge **Böschungen** und breite **Gräben**, **Erdwälle**, deren Steinummantelung zum Teil erst nach der Eroberung durch die Türken geschaffen wurde, und **Ravelins**, Vorwerke in den Wassergräben, errichtet. Senkrechte **Schächte** in den Wällen sollten den Druck bei Geschosseinschlägen ableiten.

Wie man aus der Geschichte weiß, nutzten all diese Vorkehrungen nichts: Unter hohen Verlusten auf beiden Seiten wurden die Städte erobert.

Heute sind Lefkosias Mauerwälle mehrfach durchbrochen, da die ursprünglichen drei **Tore**, Paphos-, Famagusta- und Kyrenia-Tor, natürlich nicht ausreichten, um das gestiegene Verkehrsaufkommen zu bewältigen. In den Gräben breiten sich heute Park- und Sportplätze oder Grünanlagen aus, auf den Bastionen findet man Bauten wie das Freiheitsdenkmal, das Rathaus oder die Bücherei. Lefkosias Famagusta-Tor ist als Städtisches Kulturzentrum zu neuen Ehren gekommen und an die venezianischen Finanziers erinnern noch die Namen der Bastionen.

Gazimağusas Befestigung ist fast ganz erhalten, nur am Hafen und am ehem. Landtor durchbrechen Straßen die Mauern. Da hier der lebhafte Verkehr einer modernen Großstadt fehlt, macht die annähernd rechteckige Ummauerung noch einen sehr ursprünglichen Eindruck. Von den bis zu 18 m hohen, z. T. begehbaren Wallkronen hat man einen **Traumblick** über die Altstadt. Welch eine angenehme Nutzung.

Gebäudes präsentiert historische Kupferstiche und Gemälde.

An der Platia Archiepiskopou Agiou Ioannou Kyprianou steht weiterhin das klassizistische **Panzyprische Gymnasium** 6. Zu den Schülern dieser Eliteschule, an der u. a. der anglo-irische Dichter Lawrence Durrell [s. S. 114] unterrichtete, zählte auch der spätere Erzbischof Makarios III. Das **Volkskundemuseum** 7 (Mo–Fr 9–13.30 Uhr), das ländliches Gerät, Trachten und religiöse Volkskunst beherbergt, ist im gotischen Bau eines ehem. Benediktinerklosters aus dem 15. Jh. untergebracht. Das **Museum des Nationalen Kampfes** 8 (Mo–Fr 8–14, Do außer Juli/Aug. auch 15–17.30 Uhr) im selben Gebäudekomplex erinnert mit drastischen Zeugnissen – wie etwa einer nachgebauten Galgenkammer der Briten – an den Unabhängigkeitskampf der EOKA gegen die Briten 1955–60.

Erinnerungen an Osmanen und Venezianer

Ein Abstecher führt jetzt nordöstlich zum schönsten Tor der Stadt, dem **Famagusta-Tor** 9, das mit seinem tief herabgezogenen Giebel ein Beispiel norditalienisch-venezianischer Architektur ist. Mitte des 16. Jh., kurz vor der osmanischen Eroberung, wurde es nach dem Vorbild eines inzwischen abgerissenen Stadttors in Heraklion errichtet, das von dem berühmten italienischen Festungsbaumeister Michele Sanmicheli stammte. Das vorbildlich restaurierte Monument beherbergt heute das Städtische Kulturzentrum, in dem Lesungen und Ausstellungen stattfinden.

Zurück läuft man durch das einst türkische Stadtviertel **Tacht el-Kala** 10 (Chryalinotisa) mit seinen zahlreichen Kleinindustrie- und Handwerksbetrieben, seinen malerisch verwilderten Gärten und einfachen Tavernen. Auf dem fast durchgängig ausgeschilderten Rundgang ›Revival of Nicosia‹ (Wiederbelebung Nikosias) kann der Besucher so abseits der großen Sehenswürdigkeiten noch ein Stück relativ unverfälschte Alltagswelt Lefkosias kennen lernen.

Südlich des Erzbischöflichen Palastes steht das interessanteste alte Bürgerhaus der Stadt, das **Haus des Hadjigeorgakis Kornesios** 11 (Mo–Fr 8.30–15.30 Uhr) aus dem 18. Jh., leicht erkennbar an dem wesentlich älteren Markuslöwenrelief über dem Eingangsportal. Ein solches Anwesen mit dem typischen Holzerker der Osmanenzeit zur Straße hin, mit einem Brunnenhof im Zentrum der dreiflügeligen Anlage, mit Garten und einem kleinen *Hamam*, dem türkischen Bad, dahinter, mit Loggien, Balustraden und originaler orientalischer Einrichtung des 18./19. Jh. ist auf Zypern eine Seltenheit. Dank einer kleinen *Ausstellung* im Obergeschoss ist die abenteuerliche Lebensgeschichte des Hausherrn, Sohn eines christlichen Kaufmanns, der als *Dragoman*, d.h. Mittelsmann zwischen den

Feierlich wirkt der Gebetssaal der einstigen Klosterkirche und heutigen Omeriye-Moschee

griechischen Zyprioten und der osmanischen Regierung, später auch als Steuereinnehmer fürstlich reich wurde, gut nachvollziehbar. Kornesios stolperte allerdings über gegnerische Intrigen und endete 1809 in Istanbul unter dem Richtschwert des Sultans.

An die osmanische Zeit erinnert auch die **Omeriye-Moschee** 12 am Leoforos Trikoupi mit ihrem markanten Minarett, die als einzige Moschee im Süden der Stadt heute noch muslimische Gebetsstätte ist. Sie entstand aus der katholischen Augustiner-Klosterkirche des 14. Jh., die bei der osmanischen Belagerung 1570 schwer beschädigt worden war. Erhalten blieben von dieser nur die gotische Spitzbogenvorhalle, die sieben Joche mit Spitzbögen im Hauptschiff und Reste mittelalterlicher Blattwerkkapitelle an den Säulen. Einen wunderbaren Blick über die gesamte Stadtlandschaft bietet das *Minarett* (keine offiziellen Öffnungszeiten).

Der Westen der Altstadt

Nur wenige hundert Meter nordwestlich der Omeriye-Moschee steht das größte Gotteshaus der Altstadt, die 1872/73 errichtete griechisch-orthodoxe **Phaneromeni-Kirche** 13. Ihr graziler, venezianisch inspirierter Glockenturm stammt allerdings erst von 1938. Die mächtige, hohe Kuppel und der mit glänzenden Lüstern und einer prachtvoll geschnitzten Ikonostase ausgestattete *Innenraum* zeugen vom einstigen Wohlstand dieses Kaufmannsviertels, in dem die Kirche liegt. Es gehörte zu den bedeutenden Zentren der Seidenweberei. Das kleine *Marmormausoleum* hinter der Kirche wurde für Erzbischof Kyprianos sowie andere Geistliche errichtet – alle Opfer einer barbarischen Bluttat des Jahres 1821. Nachdem der türkische Gouverneur von ihren geheimen Kontakten zu Festlandsgriechen erfahren hatte, die am Unabhängigkeitskampf gegen die Türken beteiligt waren, wurden die Männer hingerichtet.

An der Green Line ist Fotografieren streng verboten – die Grenze zwischen dem griechischen und dem türkischen Teil Zyperns verläuft quer durch die Hauptstadt

Gegenüber der Kirche liegt an der Phaneromeni Street Nr. 86-90 das **Museum of the George and Nefeli Giabra Pierides Collection** 14 (Mo–Fr 10–17 Uhr). Hunderte von Kunstwerken und Gebrauchsgegenständen aus 3 Jahrtausenden, die griechische Präsenz auf Zypern seit der frühen Bronzezeit bezeugen, sind darin ausgestellt.

Wenige Schritte weiter östlich, in einem ruhigen Winkel der Altstadt, entdeckt man einen der kleinsten mittelalterlichen Kirchenbauten Lefkosias: das einst christliche Stavros tou Misirikou, das nach 1570 mit einem winzigen Minarett in die **Arablar-Moschee** 15 verwandelt wurde (meist geschlossen). Vor dem altersgrauen Gemäuer lädt die freundliche Taverne *Mattheos* mit Tischen im Freien zu einer Erholungspause.

Wer durch eine der beiden nordsüdlich verlaufenden **Fußgängerzonen** Lefkosias, die lebhafte *Onasagorou Mouson* oder die ruhigere *Ledrou* (auch Lidras), mit ihren teils klassizistischen Häusern schlendert, erreicht am Odos Ippokratous das renommierte und sogar mit dem Europäischen Museumspreis ausgezeichnete **Leventis-Museum** 16 (Di–So 10–16.30 Uhr), das die Stadtgeschichte vom Jahr 2000 v. Chr. bis heute anschaulich darstellt.

Am Südende des Odos Ledrou ragt als eines der wenigen höheren Gebäude Lefkosias das Kaufhaus **Hermes/Debenhams** 17 (Apr.–Okt Mo–So 10–20, Nov.–März 9.30–17 Uhr) mit dem Ledra Museum Observatory im 11. Stockwerk auf, von dem man einen wunderbaren Blick auf die Stadt hat.

Einige Straßenecken weiter erreicht man **Laiki Gitonia** 18, eine beliebte Flaniermeile. Das teils restaurierte, teils nach traditionellen Vorbildern zypriotischer Kleinstadtarchitektur rekonstruierte Viertel präsentiert in seinen autofreien, kieselsteingepflasterten Gassen Gebäude mit sandsteingerahmten Fenstern und Türen, malerische Innenhöfe sowie sattgrüne Palmen und Olivenbäume – das ideale Ambiente für Restaurants, Kunsthandwerk-Ateliers, Souvenirläden und das Lefkosia Tourist Office.

Spaziert man entlang der Stadtbefestigung [s. S. 22] und ab der Platia Eleftherias durch die Parkanlagen in Richtung Nordwesten zur Platia Dionysiou Solomou und anschließend vorbei an den Hotels des Odos Rigainis (auch Regaena), so kommt man schließlich zum **Paphos-Tor** 19 an der Green Line. Hier endet der Weg an rostigem Stacheldraht, zementgefüllten Blechtonnen und brüchigen Hausfassaden. Lefkosia ist Europas letzte geteilte Stadt.

Rechts vom Tor, eine Straßenecke weiter, steht unmittelbar an der Demarkationslinie neben einer Schule die **Maroniten-Kathedrale** 20 (Our Lady of Graces), ein moderner, nüchterner Bau, in dem der maronitische Erzbischof residiert. *Maroniten* heißen übrigens die zyprischen Christen ursprünglich libanesischer Herkunft, die im Gegensatz zu den Orthodoxen die Autorität des Papstes anerkennen. Den hohen hellen Kirchenraum schmückt ein großes Apsis-Mosaik mit Darstellungen der Muttergottes und der Apostel.

TOP TIPP Zypern-Museum

Wer das tunnelartige Paphos-Tor zur Neustadt hin durchschreitet, kommt entweder nordwärts auf dem Leoforos Markou Drakou zum Grenzübergang am **Ledra Palace** 21, einem ehem. Hotel, oder südwärts zur bedeutendsten Museumsattraktion der Insel, dem **Zypern-Museum** 22 (Di, Mi, Fr 8–16, Do 8–17, Sa 9–16, So 10–13 Uhr).

Hier kann der Besucher gleichsam eine Zeitreise unternehmen, die vor neun Jahrtausenden bei den ersten Siedlungen aus Steinbauten beginnt und bis zu den Hochkulturen des Hellenismus, in die römische Kaiserzeit und das christliche Byzanz führt.

Raum 1 zeigt u. a. Steinschalen der Jungsteinzeit aus *Chirokitia* [Nr. 12] und Steatit-Idole, die mit ihren himmelwärts gerichteten Köpfen den Marmoridolen der Kykladen ähneln.

Besonders schön in **Raum 2** mit den Keramiken aus der Kupferzeit (2500–1900 v. Chr.) ist die große Tonschale aus *Vuni* [Nr. 52], auf der eine Kultszene abgebildet ist.

Marmor-Schönheit im Zypern-Museum – ›Aphrodite von Soli‹ (1. Jh. v. Chr.)

Bemerkenswert unter den Keramiken in **Raum 3** sind syrische Importe des 15. Jh. v. Chr., die bereits auf der Töpferdrehscheibe hergestellt wurden. Bevor diese epochale Erfindung in Indien, Ägypten und Syrien bekannt wurde, hatte man alle Gefäße frei mit der Hand geformt. Die *Amphoren* zeigen das Lebensbaum-Motiv, tanzende Frauen mit unverhüllter Brust, Jagdszenen und Lotosblüten.

In **Raum 4** sieht man sich einer einzigartigen Sammlung von *Terrakotta-Votivfiguren* gegenüber, Kriegern, Kentauren und menschengesichtigen Löwen, die alle aus dem rund 2000 Stücke umfassenden Fund von *Agia Irini* im Nordwesten Zyperns stammen. In der Spätbronzezeit waren diese Figuren zu Kultzwecken vor einem Altar aufgestellt.

Die zyprische *Großplastik* war in der archaischen Zeit vor allem orientalisch ge-

Checkpoint Ledra Palace – bei dem einstigen Luxushotel befindet sich der Grenzübergang für Fußgänger in den nördlichen Teil der Stadt

prägt, erst in Arbeiten des 6. Jh. v. Chr. wird eine Annäherung an griechische, speziell ionische Vorbilder erkennbar. Davon kann man sich in **Raum 5** anhand der Funde aus *Salamis* [Nr. 38] im sog. kyproionischen Stil sowie anhand der Götter- und Jünglingsdarstellungen überzeugen. Obgleich von Archäologen qualitätsmäßig eher zweitrangig eingestuft, ist die ›Aphrodite von Soli‹, ein Frauentorso aus dem 1. Jh. v. Chr., dennoch zur antiken Schlüsselfigur der Aphrodite-Insel Zypern avanciert. Im selben Raum ist auch ein prachtvolles Dionysos-Relief zu bewundern, dessen Rückseite eine erotische Darstellung ziert. Dass zur gleichen Zeit, im 3.–1. Jh. v. Chr., der ägyptisierende Stil weiterhin gebräuchlich war, zeigen die monumentalen Löwen- und Sphinxfiguren aus Tamassos [s. S. 27].

Zu den berühmtesten Exponaten zählen im **Raum 11** die Funde, welche der Archäologe Vassos Karageorghis im heutigen Dorf Tuzla aus dem Scheingrab des unglücklichen *Nikokreon* geborgen hat [s. S. 105]. Es sind dies ein Königssitz, ein Bett mit Elfenbeinintarsien und ein bronzener Streitwagen.

Weitere Höhepunkte der Sammlung sind die überlebensgroße Aktstatue des römischen Kaisers Septimius Severus in **Raum 6** und das meisterhafte römische Fußbodenmosaik ›Leda mit dem Schwan‹ aus Palaia Paphos [Nr. 27] in **Raum 7**. Hier kann man darüber hinaus eindrucksvolle Beispiele zyprischer Silber- und Bronzearbeiten, Werkzeuge, Waffen, Schmuck und Götterdarstellungen, bewundern.

Die Schautafeln und Modelle in **Raum 12** informieren über antiken Kupferabbau und -handel auf Zypern.

i Praktische Hinweise

Information

Tourist Information Office, Aristokyprou 11, Laiki Gitonia, Tel. 22 67 42 64.

Grenzübergang

Ledra Palace, Leoforos M. Drakou.
Auf der nördlichen Seite der Green Line stehen meist Taxis bereit. Für den Autoverkehr wurde in Lefkosia der Grenzübergang **Metehan** (s. auch S. 129) geöffnet.

Legen Sie eine Pause ein! Der Mittagshitze entflieht man am besten in eine der schattigen Tavernen des Altstadtviertels Laiki Gitonia

Sinfonie der Farben – eine arkadische mediterrane Landschaft mit Zitronenhainen erwartet den Besucher in der Region von Politiko

Hotels

*******Holiday Inn Nicosia City Center**, Rigainis (Regaena) 70, Tel. 22 71 27 12, Fax 22 67 33 37, www.holiday-inn-cyprus.com. 140 Zimmer mit teils exklusiver Klub-Ausstattung, zwei Restaurants, Bar, Hallenbad und Dach-Pool, Jacuzzi und Sauna.

*******Hotel Castelli**, Ouzouninan St. 38, Tel. 22 71 28 12, Fax 22 68 01 76, www.castelli-hotel.com. Unweit von der Altstadt gelegenes Hotel der gehobenen Klasse. Für alle, die Abwechslung von der zypriotischen Küche suchen, gibt es auch asiatische Gerichte.

******Classic**, Rigainis (Regaena) 94, Tel. 22 66 40 06, Fax 22 67 00 72, www.classic.com.cy. Das Altstadthotel bietet angenehme, modern eingerichtete, wenn auch kleine Zimmer und die viel besuchte *Blue Bar* (ab 21 Uhr).

Restaurants

TOP TIPP **59 Knives**, Rigainis (Regaena) 94, Tel. 22 66 40 06. Gourmet-Ehrgeiz und postmoderne Einrichtung, ein beliebter Treffpunkt der Einheimischen. Wunderbar schmecken hier die zypriotischen und internationalen Köstlichkeiten des reichhaltigen Buffets.

Archontiko, Aristokyprou Odos 27, Tel. 22 68 00 80. Restaurant und Taverne im Zentrum mit zypriotischer und auch internationaler Küche.

Xefoto, Aeschylou 6 (Laiki Gitonia), Tel. 22 66 65 67. Gemütliche Taverne mit Livemusik, Wein vom Fass und hervorragender *Mese*-Auswahl.

2 Tamassos und Politiko

Zeugnisse eines frühen Stadtkönigtums und das Kloster des hl. Herakleidios.

Olivenbäume, Limonen und Zypressen prägen die idyllische Landschaft an den östlichen Ausläufern des Troodos-Gebirges, nur rund 20 km südwestlich von Lefkosia. Dort liegt auch die Ausgrabungsstätte von **Tamassos**, die man über Pano Deftera erreicht.

Schon seit dem 3. Jahrtausend v. Chr. war diese Region besiedelt. Und bereits Homer berichtet in der *Odyssee* vom Kupferhandel mit Tamassos, einem der ältesten und mächtigsten *Stadtkönigtümer* Zyperns. Grabungen lassen darauf schließen, dass die Stadt – möglicherweise nach einer Zerstörung durch die Perser – im 6. Jh. v. Chr. wieder aufgebaut wurde.

Besichtigen kann man heute die zwei geräumigen sog. **Königsgräber** (Apr.–Okt. 9.30–17, Nov.–März 8.30–16 Uhr) aus exakt behauenen Steinquadern, von denen man annimmt, dass in ihnen Könige oder zumindest Aristokraten ihre letzte Ruhestätte fanden. Besonders schön am

Letzte Ruhestätte für Aristokraten – die Königsgräber von Tamassos (7./6. Jh. v. Chr.)

größeren der beiden Gräber aus dem 7./6. Jh. v. Chr., deren Architektur und Dekor Holzhäuser nachahmen, sind die Kapitelle der Eingangspfeiler, elegant stilisierte Lotosblüten nach östlichen Vorbildern.

Nur gut 100 m südlich wurden in den 1970er-Jahren Reste einer *Tempelanlage* ausgegraben, in der vermutlich Aphrodite verehrt wurde, und zwar in ihrer syrisch-phönizischen Gestalt als Fruchtbarkeitsgöttin Astarte. Sicher scheint auf jeden Fall, dass im Tempelbezirk Kupfer verarbeitet wurde.

Das südlich vom Grabungsgelände gelegene Dorf **Politiko** mit dem **Herakleidios-Kloster** (früher Vormittag bis 12 Uhr und 15 Uhr bis später Nachmittag) ist in wenigen Minuten zu Fuß zu erreichen. Die Nonnen, die das Kloster seit 1962 wieder bewohnen, haben den Hof in einen prachtvollen Blumengarten verwandelt und bieten eingelegte Früchte sowie andere Leckereien in einem Laden zum Kauf an.

Die zweischiffige **Kirche** aus dem 14./15. Jh. im Geviert der Anlage steht wie das benachbarte Mausoleum und das Kloster selbst auf den Resten mehrerer Vorgängerbauten, die um das Grab des hl. Herakleidios errichtet wurden. Als Begleiter der Apostel Paulus und Barnabas war dieser im 1. Jh. n. Chr. wohl wegen der großen jüdischen Gemeinde nach Tamassos gekommen. Er wurde erster Bischof der Stadt und erlitt hier später den Märtyrertod.

Mosaiken- und Säulenreste weisen bis ins 5. Jh. zurück. Im **Inneren** des Gotteshauses sollte man der Ikone mit der seltenen Darstellung einer stillenden Maria (Panagia trophossida) einen Blick schenken und im nördlichen Seitenschiff der ähnlich seltenen Darstellung der Heiligen Dreifaltigkeit mit Christus und Gottvater, die nebeneinander sitzend die Weltkugel halten, während über ihnen die Taube schwebt.

Das *Mausoleum des Herakleidios* in Form einer Kreuzkuppelkirche mit steinerner Ikonostase datiert wohl ins 14. Jh. Möglicherweise sind in einem der römischen Sarkophage auch die sterblichen Überreste seines Gefährten und Nachfolgers Mnason beigesetzt, der in der Apostelgeschichte (Kap. 21,16) erwähnt wird.

3 Kloster Machairas/ Makheras

Wundertätige Ikone in Waldeinsamkeit und Picknickplätze.

Nicht nur die Anfahrt von Tamassos über wochentags meist einsame Waldstraßen hat ihren besonderen Reiz, sondern auch die Picknickgeselligkeit der Sonntagsausflügler aus Lefkosia, die die Kühle des Gebirges suchen.

Das noch immer von Mönchen bewohnte Kloster Machairas (Mo, Di und Do 9–12 Uhr) liegt auf gut 700 m Höhe malerisch unter dem gleichnamigen 1423-m-Gipfel an den östlichen Ausläufern des Troodos-Gebirges. Alte Architektur ist freilich nicht mehr vorhanden, da Kloster und Kirche nach einem Brand im Jahr 1892 neoklassizistisch wieder aufgebaut wurden. Dagegen reicht die **Gründungslegende** tief ins Mittelalter zurück und erzählt u. a. von der wundersamen Auffindung einer *Marienikone*, die bei einer Quelle unterhalb des Klosters von einem Messer (*Machairi* = Messer) bewacht wurde. Dass Kaiser Michael Komnenos (reg. 1143–80) in Konstantinopel auf diese Nachricht hin den Bau des Klosters finanziert und es auch mit umfangreichen Ländereien ausgestattet hat, davon berichtet fantasievoll ein modernes Mosaik neben dem Eingang. Im Original erhalten, aber fast nicht zu erkennen unter ihrem Silberbeschlag ist die wundertätige Marienikone in der Ikonostase der **Klosterkirche**.

Gleich am Eingang zum Klosterhof ist ein winziges **Museum** mit persönlichen Erinnerungsstücken, Fotos und Waffen dem Andenken *Grigorias Auxentios'* gewidmet, einem der vielen EOKA-Kämpfer, die in den 1950er-Jahren Schlupfwinkel im Troodos-Gebirge – und Unterstützung durch die griechisch-orthodoxe Kirche – fanden. Grigorias freilich wurde zum Märtyrer: Vom britischen Militär in seiner Höhle aufgespürt und nicht zur Aufgabe bereit, verbrannte er am 3. März 1957 bei lebendigem Leib, als die Briten Feuer legten. Die **Felshöhle** (mit Gedenktafel) unterhalb des Klosters ist zu Fuß zu erreichen. Von dort führt dann eine gut dreistündige Waldwanderung nach Politiko [s. S. 28]. Unterwegs lädt eine rustikale Taverne zur Einkehr. Aber auch vor der Klosterpforte gibt es ein Restaurant und in der näheren Umgebung mehrere Picknick- und Aussichtsplätze.

4 Fikardou

Museumsdorf im Troodos-Gebirge.

Wenige Kilometer westlich des Machairas-Klosters liegt das Bergdorf Fikardou, das von den meisten Bewohnern verlassen, mit staatlichen und privaten Geldern behutsam vor dem Verfall bewahrt wurde. Seit 1978 stehen die aus Naturstein, Lehm und Holz errichteten traditionellen Häuser unter Denkmalschutz. Zwei dieser Häuser, **Katsinioros** und **Achilleas Dimitri** (Apr.–Okt. 9–17, Nov.–März 8–16 Uhr), dienen heute als **Museen** und geben mit allerlei Hausrat, Spinnrad, Weinpresse, Himmelbett, und einer Fotodokumentation Einblick in das Dorfleben der guten alten Zeit. Im Restaurant *Giannakos* (Tel. 22 63 33 11) am Ortseingang kann man in der Gaststube oder auf der Weinlaubterrasse gut essen und den hausgebrannten Zivania (Tresterschnaps) probieren.

Refugium am Rande des Troodos-Gebirges – inmitten von romantischer Waldeinsamkeit liegt das immer noch von Mönchen bewohnte Machairas-Kloster

MAKEDONA S
Pub
ΕΡΜΗΣ
ALEXANDE PUB
Cocktail Bar

Larnaka und der Südosten – Sandstrände, Bauernland und ein Klosterberg

Einen wunderbaren Panoramablick über die hügelige Landschaft und die Küstenebenen von der Hafenstadt **Larnaka** hinüber bis nach **Agia Napa** und zum **Kap Greco** im äußersten Südosten Zyperns bietet der Klosterberg von **Stavrovouni**. Dank etlicher schöner Sandstrände ist der Südosten heute eine der beliebtesten zyprischen Urlaubsregionen. Nicht nur um Agia Napa an der Südküste, auch in Richtung Osten um den neuen Ferienort **Protaras** und um das einstige Dorf **Paralimni**, das inzwischen schon die Ausdehnung eines Landstädtchens hat, warten Hotel- und Apartmentanlagen in großer Zahl auf Gäste. Von Paralimni wiederum führt ein kurzer Ausflug nach Derinia. Es gewährt einen ungewöhnlichen Fernblick auf die Skyline der verfallenden Hotels von **Varoscha** bei Famagusta. Der Ort ist seit der gewaltsamen Teilung Zyperns in den 1970er-Jahren **militärisches Sperrgebiet** der UNO.

5 Agia Napa

Das einstige Fischerdorf präsentiert einige der schönsten Strände Zyperns.

Lange Badetage und noch längere Disconächte, ungezählte Restaurants und dazu Wassersportmöglichkeiten aller Art – Agia Napa ist die Nummer eins unter den Urlaubsorten im Südosten und ein neuer Szenetreff, als Dependance Londoner Disco-Clubs mit Tanz die ganze Nacht. Sehr wenige Hotels sind älter als zwei Jahrzehnte, die meisten deutlich jüngeren Datums, und Hochhausdimensionen wurden zum Wohl der Landschaft vermieden. Erst als Famagustas Hotelstadt Varoscha 1974 zur Geistersiedlung wurde [s. o.], begann das Fischerdorf den Wert seiner **Strände** und Buchten zu entdecken: Der herrliche kinderfreundliche Hauptstrand **Kryo Nero** direkt am Ort beim Fischerhafen dehnt sich breit und feinsandig aus, ist aber naturgemäß während der Saison meist entsprechend stark frequentiert. Außerdem stehen etliche felsgerahmte Buchten westlich und östlich des Ortes zur Wahl.

◁ *Tagsüber Strandglück und nachts Halligalli im Vergnügungsviertel – Agia Napa verspricht Urlaubsfreuden rund um die Uhr*

Um ein touristisch geplantes Ortszentrum beim Kloster Agia Napa haben sich die Neubauten von Hotels, Restaurants und Discos wildwuchsartig ausgebreitet.

Den Namen *Napa* (Waldland) verbindet die Legende übrigens mit der Entdeckung einer *Marienikone* in einer Waldhöhle. Auf dieses Ereignis geht der Bau des heute in der Ortsmitte liegenden **Klosters Agia Napa** zur Zeit der venezianischen Herrschaft im Jahr 1530 zurück. Sein Arkadenhof mit uraltem Ölbaum und quadratischem Brunnenhaus strahlt südländischen Charme aus, erinnert aber mit seinen Spitzbögen zugleich an deutsche oder französische Klöster.

Kreuzfahrergotik hat man diesen Stil genannt. Der achteckige Brunnen zeigt u. a. kunstvolle Reliefgirlanden, einen spitzbärtigen Männerkopf und einen Frauenkopf, gerahmt von langen Locken.

Heute ist das Kloster ökumenisches Zentrum der christlichen Kirchen im Nahen und Mittleren Osten. Zur urtümlichen **Höhlenkirche**, in der ein Aufseher den kleinen *Quell* und die *Ikonostase* mit kaum noch erkennbaren Bildern zeigt, steigt man vom Klosterhof über einige Stufen hinab. Das Quellwasser kann man kosten, der wundertätigen Marienikone jedoch nur dann einen Blick schenken, wenn der hier tätige Kustos den Vorhang zurückzieht.

Vorhang auf für die wundertätige Marienikone in der Höhlenkirche von Agia Napa

Erst im Jahr 1990 wurde am Hauptplatz unterhalb des Klosters der Bau der **Marienkirche** vollendet, die bis hinauf in die Tonnengewölbe prächtig mit biblischen Geschichten und Heiligen ausgemalt ist.

Bei der Touristeninformation befindet sich das **Museum Thalassa** (Municipal Museum of the Sea, Leoforos Kryou Nerou 14, Sommer Di–So 9–13 und 18–22, Winter Di 13–17, Mi–So 9–17 Uhr), das über die Seefahrertradition Zyperns berichtet. Prunkstück der hochinteressanten archäologischen Abteilung ist ein Schiff aus dem 3. Jt. v. Chr., im Untergeschoss gewähren Aquarien mit Oktopussen und Seezungen auch ohne Tauchgang einen Einblick in die Mittelmeerfauna.

Ausgeräumte antike **Felsgräber** findet man auf der Makronissos-Halbinsel beim Hotel *The Dome* [s. S. 33] westlich des Stadtgebiets. Noch knapp 2 km weiter westlich soll in den **Katakomben** auf einem heute baumlosen Felsvorsprung die hl. Thekla gelebt haben, eine mehrmals wundersam vor dem Märtyrertod errettete Anhängerin des Apostels Paulus.

Wer sich ein Bild vom vortouristischen Zypern machen möchte, fährt noch etwa 4 km weiter westlich und biegt auf die schmale Straße nach **Potamos** ab, die an der Mündung des gleichnamigen Flusses ins Meer endet. Bunte Fischerboote, morsche Holzstege mit Anglern, eine kleine Kapelle im Wiesengrün und *Family Restaurants*, in deren Gärten der gegrillte

Spitzensicht über die Dächer von Agia Napa bis hin zum blitzblauen Mittelmeer

Fisch besonders gut mundet, verleihen dem Ort seinen besonderen Charme.

Praktische Hinweise

Information

Cyprus Tourism Organisation (CTO), Leoforos Kryou Nerou 12, Tel. 23 72 17 96, Fax 23 72 45 07

Hotels

TOP TIPP *****Alion Beach**, Kryo Nero Ave., P. O. Box 30450, Tel. 23 72 29 00, Fax 23 72 29 01, www.alion.com. Ein Haus mit Stil und Eleganz. Exklusives Gartenambiente direkt am breiten Strand, Sauna, Dampfbad, Whirlpool, Tennis und eine vorzügliche Küche verwöhnen den Gast.

****The Dome**, Makronissos Area, P. O. Box 30198, Tel. 23 72 10 06, Fax 23 72 10 10, www.domehotel.com.cy. Komfortable Anlage mit großem Swimmingpool, Tennis- und Squashplätzen und breiter Sandstrandbucht westlich vom Stadtzentrum.

***Tasia Maris**, Nissi Avenue, P. O. Box 30028, Tel. 23 72 27 70, Fax 23 72 32 71, www.tasiamarishotels.com. Strandnah, mit Swimmingpool, Tennisplatz und Fitnessraum.

Restaurant

Vassos to Psarolimano, am Fischerhafen von Agia Napa, Tel. 23 72 18 84. Wer Lust auf original britische *Fish and Chips*, aber auch auf zyprische Küche und gute Weine hat, ist hier bestens aufgehoben.

Ein Platz so recht zum Träumen ist der Flusshafen Potamos bei Agia Napa

6 Kap Greco

TOP TIPP *Wunderschöne, panoramareiche Steilküste.*

Man muss nicht besonders trainiert sein, um die 8 km von Agia Napa zum **Südostkap** Zyperns zu wandern und vielleicht auch noch zurückzulaufen. Der Weg durch die von Salzwasser und Winderosion bizarr zerfurchte Felslandschaft ist meist eben, bis nahe an die rund 100 m über dem Meer aufragende Steilküste, die aber bequem umgangen werden kann. Unterwegs sind **Meereshöhlen** mit mächtigen Pfeilern und fotogenen Durchblicken zu bewundern. Am *Kap Greco* selbst kann man klettern, mit dem Gleitschirm fliegen oder sich auf den schmalen Pfaden des etwa 2,5 km langen **Nature Trail** am Anblick der gelben Margeriten, Zistrosen, Anemonen und des blühenden Oleanders erfreuen. Die **Aussicht** über die Küstenlandschaft und das türkis- bis tieftintenblaue Meer ist immer grandios, auch wenn die Masten einer britischen Sendestation das Naturerlebnis doch empfindlich stören.

Über der Ostküste noch weiter nordwärts wandernd, kommt man zu einer weißen **Kapelle** aus dem Jahr 1992 und steigt dann zu einer Meereshöhle mit flachem **Naturwasserbecken** hinab, in dem die Münzen nur so funkeln: Eine jede steht für den Wunsch, zum Kap Greco zurückzukehren. Übrigens schätzen auch Taucher dieses Küstenrevier sehr.

7 Paralimni

Ein Badeort, rote Dörfer und alte Feldsteinkirchen.

Für eine Rundfahrt zu den Kirchen und Dörfern in der fruchtbaren Ebene der Kokkinochora, der *roten Dörfer* zwischen Agia Napa und der Demarkationslinie südlich von Famagusta, sollte man sich einen halben bis einen ganzen Tag Zeit nehmen. Ihren Namen hat diese Landschaft von der kräftig roten oder rotbraunen Erde, auf der Gemüse und speziell Kartoffeln vorzüglich gedeihen. Paralimni, der Hauptort der Region, ist seit der Teilung Zyperns zu der Größe eines Landstädtchens angewachsen, **Protaras** und das benachbarte **Pernera**, Ortsteile von

Der ganze Stolz des blühenden Landstädtchens Paralimni ist die postmoderne Platzanlage, prächtig gerahmt von alten Kirchen

Paralimni, sind seit einigen Jahren beliebte Badezentren. Doch abseits vom sommerlichen Strandtrubel herrscht in den Hügeln noch immer arkadische Stille.

Das prosperierende Paralimni selbst verfügt im Zentrum bei seinen drei Kirchen über eine postmoderne Platzanlage für Feste und Aufführungen, mit Cafés und einigen schicken Boutiquen. Die Kulisseneffekte der Freilichtbühne mit ihren scheinbar funktionslosen Mauern, Stufen und Fensteröffnungen kontrastieren reizvoll mit Paralimnis ältestem Bau, der kleinen *Panagia-Kirche* aus dem 13. Jh. (in der Regel 9–12 Uhr)

Ein Stück weiter nordwestlich und schon nahe der Demarkationslinie liegt das Dorf **Derinia**, in dem Schilder den Weg zum Aussichtspunkt auf die Geisterstadt Varoscha [s. S. 95] weisen.

In dem für seine Korbflechterei bekannten Ort **Liopetri**, dem westlichsten Punkt der Rundfahrt, ist die eigentümlich verschachtelte Agiou-Andronikou-Kirche aus dem 15. Jh. mit ihrer Arkadenvorhalle sehenswert.

Ein weiteres architektonisches Kleinod findet man am Westrand des weitläufigen Dorfes **Sotira**: die Kreuzkuppelkirche der Panagia Chordakiotissa aus dem 12. Jh. mit unverputztem Innenraum und schlichten Heiligenbildern.

8 Larnaka

Plan Seite 36

Zyperns drittgrößte Stadt bezaubert mit internationalem Flair und uralter Geschichte.

Mit ihren hohen Palmen und den hübschen altmodischen Laternen erinnert Larnakas **Uferstraße** an die Strandpromenade von Nizza. Sie ist gesäumt von markisenbeschatteten Cafés, Restaurants und traditionsreichen Hotels. Der **Sandstrand** vor den Palmen ist breit und mit dem internationalen Gütezeichen der Blauen Flagge ausgezeichnet. Doch noch mehr zieht es die zahlreichen Urlauber zum langen Strand des 6–8 km weiter nordöstlich gelegenen Hotelviertels, weit jenseits des modernen Hafens, oder an die Küste südlich des Fischerhafens.

Geschichte Der Hafen war schon in der **Bronzezeit** aufgrund des Kupferexports von großer Bedeutung. Um 1200 v. Chr. siedelten sich *griechische Kolonisten* in **Kition** an, wie die Stadt damals hieß. Nach schweren Zerstörungen bauten die *Phönizier* um 800 v. Chr. den Ort wieder auf, der nun ein mächtiges, mit den Persern verbündetes Stadtkönigtum wurde. Vergeblich versuchte der athenische Feldherr Kimon 449 v. Chr. die Siedlung mit Gewalt aus dem persischen Bündnis zu lösen. Erst 312 v. Chr. fiel sie an die *Ptolemäer*, später, wie die ganze Insel, an *Rom*. Einer Legende zufolge war der von Christus wieder zum Leben erweckte *Lazarus* erster Bischof von Kition. Im Mittelalter wurde die Stadt ein wichtiger **Kreuzfahrerhafen** und nach dem nahe gelegenen großen Salzsee nannte man sie Salines. Seit dem 17. Jh. schließlich hieß sie Larnaka, was vermutlich auf die Sarkophage (griech. *Larnax*) zurückzuführen ist, die in den antiken Ruinen von Kition [s. S. 38] gefunden wurden. Im 19. Jh., unter **osmanischer Herrschaft**, blühte Larnaka wieder auf, war Sitz diplomatischer Vertretungen und überrundete mit seiner Einwohnerzahl zeitweise sogar Nikosia. Heute ist Larnaka (75 000 Ew.) neben Lemesos der zweitwichtigste Hafen der Insel und bedeutendster Umschlagplatz für Erdölimporte.

Besichtigung Ein Spaziergang durch die Stadt sollte am **Jachthafen** oder gegenüber am **Kulturzentrum** ❶ beginnen, das aus farbig und fantasievoll gestalteten ehem. Lagerhäusern entstand und u. a. das *Museum für Meereskunde und Paläontologie* (Mo–Fr 9–14, Sa, So 9–12 Uhr) beherbergt. Dort erfährt man beispielsweise, dass es einst auf Zypern Zwergflusspferde gab!

Oben: *Am Jachthafen von Larnaka liegen schnittige Boote bereit, um sportliche Freizeitkapitäne aufs Meer zu tragen*
Unten: *Ein Hauch von Nizza schwebt über der Strandpromenade mit ihren Palmen und nostalgischen Straßenlaternen*

Weiter südlich, dort, wo die Palmenallee von Restaurantterrassen direkt am Meer abgelöst wird, wurde stadteinwärts die Fußgängerzone **Laiki Gitonia** 2 eingerichtet, deren Gassen überwiegend von Bars und Restaurants gesäumt sind.

Trutzig zwingt das **Türkische Fort** 3 (8–19 Uhr) an der Wasserfront die Uferstraße zu einem Umgehungsbogen. 1625 von den Osmanen über venezianischen Mauerresten erbaut, hatte die kleine Festung schon damals mehr repräsentative als militärische Bedeutung. Von den Briten wurde das Fort als Gefängnis genutzt. Heute beherbergt es eine *Fotodokumentation* zyprischer Bauten und Mosaiken sowie ein *Mittelaltermuseum* mit einer schönen Keramiksammlung.

Hinter dem Kastell, im früheren Stadtteil der zyprischen Türken, ragt das mit schönen Steinmetzarbeiten dekorierte Minarett der **Kebir-Moschee** 4 empor. In einigen der wenigen noch mit den charakteristischen Holzbalkonen ausgestatteten Häusern dieses Viertels mit seinen engen Gassen und orientalischem Flair haben jetzt Künstler und Kunsthandwerker ihre Studios. Im Rahmen von Gratisführungen können die Werkstätten besucht werden [Info: Tourist Information Office s. S. 40].

Wer von der Moschee aus weiter stadteinwärts läuft, erreicht in wenigen Minuten den Platz vor der **Lazaruskirche** 5 (Mo–So 8–20 Uhr). Sie stammt aus dem 10. Jh. und zählte zu den wenigen byzan-

tinischen Mehrkuppelkirchen Zyperns. Nach einem Brand erneuerte man die Kuppeln im 19. Jh. und fügte einen reich verzierten Glockenturm hinzu. Einer Legende zufolge musste *Lazarus* seine Heimat verlassen, weil das Schicksal ihm dort nicht nur Freunde beschert hatte. Auf Zypern wirkte er dann als Priester und Bischof. Als im späten 9. Jh. im antiken Gräberfeld Kitions ein Sarkophag mit der Inschrift ›Lazarus, Freund Christi‹ entdeckt wurde, glaubte man seine Gebeine gefunden zu haben und errichtete die Kirche. Die hochbegehrten *Reliquien* kamen dann aber in die kaiserliche Hauptstadt Konstantinopel und von dort 1203 nach Marseille.

Der leere Sarkophag steht heute in der *Krypta* unter dem Altarraum. Im feierlichen Halbdunkel des dreischiffigen *Kirchenraums* entdeckt man korinthische Kapitelle und kann eine riesige und gleichzeitig einer der opulentesten Ikonostasen Zyperns (Ende des 18. Jh.) in ihrer goldenen Pracht bewundern.

Oben: *Hinter dem Hafenkastell strebt das schöne Minarett der Kebir–Moschee gen Himmel …*
Unten: *… nicht minder prächtig anzusehen ist die kostbare Ikonostase der Lazaruskirche (18. Jh.)*

Schwarz-weiße Kontraste – moderne Skulpturen im Park des Pierides-Museums

Interessante Lazarus-Ikonen und ein frühchristliches Taufbecken werden im kleinen **Byzantinischen Museum der Lazaruskirche** (8–13 und 15–17.30 Uhr, Mi und Sa nur vormittags) hinter dem Gotteshaus aufbewahrt.

Zwei Straßenecken weiter in Richtung Norden kann man in der gusseisernen **Markthalle** 6 Gewürze, Wein oder Strohgeflochtenes als Souvenirs erstehen. Durch die Einkaufsstraße Zinonos Kitieos führt der Weg zum privaten

TOP TIPP

Pierides-Museum 7 (Mo–Do 9–16, Fr, Sa 9–13 Uhr), das in einem kleinen Park mit modernen Skulpturen steht. Fünf Generationen der Diplomatenfamilie Pierides haben hier ihre Schätze zusammengetragen. Im *Erdgeschoss* werden herausragende Beispiele vorgeschichtlicher zyprischer **Keramik** gezeigt, wie etwa kammstrichverzierte Becher aus der Jungsteinzeit, rot polierte Riesenkrüge und feine minoische Vasen. Ganz besonders interessant ist eine etwa 35 cm hohe hohle *Terrakottafigur* aus der Kupfersteinzeit (um 5000 v. Chr.) mit weit aufgerissenem Mund und schreckhaft verzerrtem Gesicht. Vermutlich handelt es sich um ein Opfergefäß.

Weitere Räume präsentieren in fast unüberschaubarer Fülle Gebrauchs- und Volkskunst der vergangenen 300 Jahre: Stickereien, Schnitzereien, alte Zypern-Landkarten und Historienbilder.

Im Vergleich zur berühmten Pierides-Sammlung wird das modern konzipierte **Archäologische Museum** 8 (Larnaka District Archaeological Museum, Kalogreon Platia, Mo–Fr 9–13.30, Do 9–13.30, 15–17 Uhr, Juli/Aug. jeweils nur vormittags), das am Weg zu den antiken Ausgrabungen von Kition nordwestlich vom Pierides-Museum über den Odos Lordou Byronos zu erreichen ist, oft unterschätzt. **Vasen** aus dem 12. Jh. v. Chr. erzählen von der Flucht der Achäer nach Zypern infolge der Zerstörung der mykenischen Zentren in Griechenland. Luxusobjekte aus Elfenbein, Alabaster und Glas künden von den frühen Handelsbeziehungen der Zyprioten mit dem antiken Ägypten und Syrien.

Wer archäologisch sehr interessiert ist, wird auch die Spuren der Vorgängerstadt von Larnaka kennenlernen wollen und die nordwestlich des Museums gelegenen Ausgrabungen des antiken Stadtkönigtums **Kition** 9 (Mo–Fr 9–13, Do außer Juli/Aug. auch 15–17 Uhr) besuchen. Schon im 2. Jahrtausend v. Chr. befand sich an dieser Stelle ein Heiligtum unbekannter Bestimmung, dessen sichtbare Reste – großquadrige Stadtmauern, Grundmauern von Tempeln und Kanalsystemen – aus den drei Bauphasen der Stadt aus der Zeit von vor 1200 v. Chr. bis 300 v. Chr. stammen. Leider fehlen genauere Beschriftungen.

Diskussion über Gott und die Welt unter den Kolonnaden der Lazaruskirche

Zu den bedeutendsten islamischen Heiligtümern zählt die Chala Sultan Tekke am Ufer des Salzsees

So kann man nur glauben und staunen, dass sich das alte Kition einst bis zum immerhin 2 km entfernt, in Richtung Flughafen gelegenen **Salzsee** 10 erstreckte. In der Antike und im Mittelalter wurde hier Salz gewonnen. Heute finden an dem seichten Gewässer Scharen von Flamingos und anderen Wasservögeln ihr Winterquartier.

Die Grabmoschee, die so malerisch zwischen den Palmen direkt am Wasser liegt, heißt **Chala Sultan Tekke** 11 und ist eines der wichtigsten Heiligtümer für die Anhänger des Islam. Eine enge Vertraute des Propheten Mohammed, Umm Haram (= geehrte Mutter), ruht hier in einem Sarkophag, und zwar an der Stelle, wo sie 647 n. Chr. – während eines arabischen Eroberungsversuchs – nach dem Sturz von einem Maultier verstorben war. Ihr Grab wurde zur Wallfahrtsstätte, die Moschee allerdings erst 1816 um den viel besuchten Pilgerort errichtet. So nüchtern sie sich im Inneren darbietet, so stimmungsvoll ist die Atmosphäre ringsum: alte verwitterte Mauern, dunkelgrüne Zypressen und ein beliebtes Ausflugsrestaurant [s. S. 40].

5 km weiter südlich bewahrt die Kirche der **Panagia Angeloktistos** 12 (die von den Engeln erbaute Kirche der Gottesmutter, Mo–So 8–12 und 14–16 Uhr) am Rande des Dorfes *Kiti* einen der bedeutendsten Schätze zyprischer Mosaikkunst, das sogar zum Weltkulturerbe der UNESCO gehört: ein **Marienbild** aus dem 6./7. Jh. Durch die Pforte der Ikonostase sieht man die stehende Gottesmutter mit dem segnenden Jesuskind auf dem linken Arm. Sie entspricht dem Bildtypus der *Hodegetria*, der Wegführenden. Zwei Engel links und rechts tragen blaue Weltkugeln mit dem Kreuzzeichen heran. Das fein gearbeitete Mosaik ist die einzige Mariendarstellung Zyperns aus frühchristlicher Zeit, sie blieb in einer Apsis der Vorgängerkirche aus dem 6. Jh. erhalten.

Am westlichen Stadtrand neben der Straße nach Limassol quert ein 150 m langer **Aquädukt** 13 eine Senke. Von fern hält man die Bögen für römisch, aber die ursprünglich 10 km lange Konstruktion wurde erst Mitte des 18. Jh. von der türkischen Verwaltung errichtet und führte bis 1939 Trinkwasser vom Fluss Trimithos in die Stadt.

Ein Abstecher nach Norden in die *Buffer Zone* (Pufferzone) der UNO kann nach **Pyla** führen, wo griechisch- und türkischstämmige Zyprioten zusammenleben und der Gast zwischen einem griechischen *Kafenion* und einem *Türk Kahvanesi*, einem türkischen Kaffeehaus, wählen kann. Vom Wachturm gegenüber der Moschee beobachten UNO-Soldaten die Szenerie. Fotografieren ist verboten.

›Von den Engeln erbaut‹ – byzantinische Kuppelbasilika Panagia Angeloktistos

Praktische Hinweise

Information

Tourist Information Office, Platia Vasileos Pavlou, Tel. 24 65 43 22, und Georghiu A.Odos 22, Tel. 25 32 32 11; Infos auch unter www.larnaka.com

Flughafen

Larnaka International Airport, etwa 5 km westlich der Stadt. Tel. 77 77 88 33 (rund um die Uhr)

Hotels

****__Palm Beach Hotel – The Jewel of Cyprus__, Dhekelia Odos, Tel. 24 64 45 00, Fax 24 64 47 70, www.palmbeachhotel.com. Im Hotelviertel nördlich der Innenstadt. Strand mit Palmen, Garten, Pools, Gourmetrestaurant, Wassersport- und Fitnessangebot.

***__Flamingo Beach Hotel__, Piale Pasha Odos, Tel. 24 82 82 24, Fax 24 65 65 24, www.flamingobeachhotel.com. Am kleinen Strand im Süden der Stadt, günstig zum Flughafen gelegen. Freundlicher Service, Zimmer praktisch eingerichtet.

***__Livadhiotis Hotel Apartments__, N. Rossou 50, Tel. 24 62 62 22, Fax 24 62 64 06, www.livadhiotis.com. Nahe der Lazaruskirche gelegen, zweckmäßig eingerichtet, Möglichkeit zur Selbstversorgung.

Restaurants

Al Halili, neben der Chala Sultan Tekke, Tel. 24 64 30 60 und 24 62 35 41. Leckere Grillspezialitäten, großer Garten und kühlender Brunnen.

Vom Maler-Mönch Kallinikos stammen die Fresken an den Wänden der Klosterkirche von Stavrovouni

Art Café 1900, Stasinou 6, nahe dem Pierides-Museum, Tel. 24 65 30 27. Gepflegtes Künstlerambiente in einem alten Bürgerhaus, gute Weinauswahl, fantasievoll zubereitete zyprische Küche, auch kleine Gerichte.

Boronia, Leoforos Dhekelia, im neuen Hotelviertel von Larnaka im gleichnamigen Hotel, Tel. 24 64 62 00. Restaurant und Cocktailbar. Eine Spezialität ist Pfefferhuhn.

Panos Steak House, Ankara Street, nahe des Forts, Tel. 24 65 37 07. Meerterrasse und Dachgarten. Urgemütlich und freundlich, bestes *Klephtiko* (Lammbraten aus dem Lehmofen) und natürlich frische Fischspezialitäten.

9 Stavrovouni

TOP TIPP *Zyperns ältestes Kloster und einer der faszinierendsten Aussichtspunkte der Insel.*

Etwa 40 km sind es auf der Autobahn Larnaka–Lemesos bis zur Ausfahrt Stavrovouni. Von hier aus führt eine Straße durch bewaldete Berge fast bis zum Gipfel mit den Klostergebäuden hinauf. Die etwa 30 Mönche, die heute in dem Komplex leben, öffnen die Pforte allerdings nur Männern; Besucherinnen bleibt allein der Genuss des **Panoramas** der fernen goldsandigen Küste am weiß gischtenden Meer, des hügeligen Grüns der Wiesen, Äcker und Wälder – und nach Norden und Westen steigen die Konturen des Trodoos-Gebirges an.

Die *hl. Helena*, Mutter Konstantins des Großen, soll im Jahre 327 auf der Rückreise von Palästina auf Zypern gelandet sein. An Bord ihres Schiffes befand sich kostbarste Fracht: das in Jerusalem aufgefundene *Kreuz Christi* und das Kreuz des guten Schächers. Eine Vision gebot ihr die Gründung eines Klosters und das Kreuz Christi zeigte ihr den Standort: auf dem 688 m hohen Vorberg des Troodos-Gebirges, wo zuvor ein *Aphrodite-Tempel* gestanden hatte. Das später zerstörte, im 17. und 18. Jh. erneuerte, 1888 nochmals von einem Großbrand in Mitleidenschaft gezogene Kloster erhielt den Namen Stavrovouni (Kreuzesberg).

Durch die **Klosteranlage** (Mittagsruhe 12–14, im Sommer bis 15 Uhr) mit mehreren Höfen kommt man zur **Kirche** und findet rechts der Ikonostase ein silberver-

Dem Himmel nahe – hoch über den irdischen Niederungen thront Stavrovouni, Zyperns ältestes Kloster und einer der herrlichsten Aussichtspunkte der Insel

kleidetes Kreuz mit Reliefs vom Leben Christi. Ein Splitter des *Heiligen Kreuzes* soll darin geborgen sein. Die Heilsgeschichte ist auch Thema der zahlreichen *Fresken* an den Wänden: Besonders beeindruckt die Geburtsszene, die Maria mit dem Kind auf leuchtend rotem Lager in einer schwarzen Höhle zeigt. Die Kaiserin Helena und ihr Sohn Konstantin haben ihren Platz im Bildprogramm am Eingang zum Kirchenraum.

Die Mönche der Abtei sind weithin als gute Ikonenmaler bekannt und bestreiten einen Teil ihres Lebensunterhalts mit dem Verkauf ihrer Werke.

10 Pyrga

Erinnerungen an das zypriotische Königreich.

Wenige Kilometer nördlich von Stavrovouni liegt in lieblicher Tallandschaft das Dorf Pyrga. Hier ist das einzige architektonische Zeugnis aus der späteren Zeit der fränkischen Lusignan-Könige zu Beginn des 15. Jh. erhalten, mit der gleichfalls einzigen Darstellung des ›Guten König Janus‹.

Es lohnt sich, im Kafenion gegenüber nach dem Schlüssel zur **Katharinenkapelle** (Agia Katharina) zu fragen. Unter dem Spitzbogengewölbe des kleinen, auch *Chapelle Royale* genannten Gotteshauses mit den zwei ungleichen Jochen erkennt man unter einer kaum mehr sichtbaren *Kreuzigungsszene* zwei gekrönte Figuren. Aufgrund des königlichen Wappens und der Jahreszahl 1421 am Westportal, die gegen Ende des 19. Jh. noch lesbar gewesen ist, nimmt man an, dass es sich bei den beiden Personen um die Stifter, *König Janos von Lusignan* und seine Gattin *Charlotte von Bourbon*, handelt. Auf den Glanz der Lusignan senkte sich wenige Jahre später der Schatten des Niedergangs: 1426 geriet Janus bei der Invasion der ägyptischen Mamelucken in Gefangenschaft und gewann seine königliche Souveränität nie wieder zurück.

Die *Hauptfresken* der Kapelle zeigen das ›Letzte Abendmahl‹ und das ›Pfingstwunder‹, jeweils mit französischer Beschriftung.

Lemesos und Zyperns südlichste Küsten – Johanniterarchitektur und allerlei Kostbarkeiten

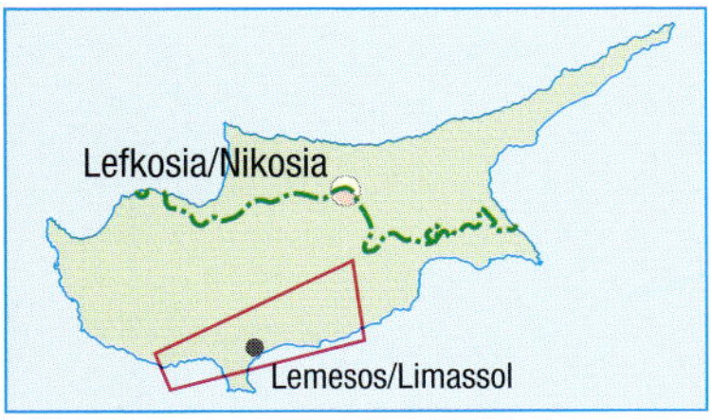

Auch wenn **Lemesos** heute die größte Hafenstadt Zyperns und Drehscheibe des Handels im östlichen Mittelmeer ist, so strahlt sie doch mit ihren Palmenboulevards, Parks und Altstadtvierteln immer noch vielerorts *südländischen Charme* aus und bietet sich als gutes Urlaubsquartier an. So kann man von hier aus ganz schnell zahlreiche zyprische Glanzlichter erreichen: die immer noch imposante Johanniterburg **Kolossi** inmitten von Obstplantagen und Weinbergen, die Ausgrabungen der antiken Königsstadt **Kourion**, das ›Spitzendorf‹ **Lefkara** oder **Chirokitia**, eine der ältesten Siedlungen der Menschheitsgeschichte. Mehr noch: Von Lemesos aus ist auch das Troodos-Gebirge in Tagesausflügen zu erkunden. Und wer baden und faulenzen will: Die schönen Strände **Governor's Beach** und **Lady's Mile Beach** liegen gleich um die Ecke.

11 Pano Lefkara und Agios Minas

Fleißige Frauen fertigen Spitzen und Stickereien – und malen im Kloster Ikonen.

In der Hochsaison wird es unweigerlich eng in Zyperns berühmtem Dorf der kunstvollen Stickereien, in dem sogar *Leonardo da Vinci* um 1481 eine gestickte Altardecke für den Mailänder Dom erworben haben soll.

Von der Autobahnabfahrt etwa in der Mitte zwischen Larnaka und Lemesos sind es nach **Pano Lefkara** noch gut 10 km. Das Zentrum des malerisch an den Hängen der südöstlichen Ausläufer des Troodos-Gebirges gelegenen Ortes mit seinen gepflegten, ziegelrot gedeckten Häusern inmitten von blütenbunten Gärten strahlt Wohlstand aus. In jedem dritten Haus, so scheint es, werden die *Lefkaritika* produziert und vor der Tür angeboten, jene Flachstich- und Hohlsaumstickereien, die schon vor der Venezianerherrschaft weit über Zypern hinaus besten Ruf genossen. Auch Silberfiligranschmuck und Silberschalen werden im Ort hergestellt und können hier gekauft werden. Das kleine **Patsalos-Museum** (Apr.–Okt. 9–17, Nov.–März 8–16 Uhr) mit seiner liebevoll gepflegten Originaleinrichtung und einer Werkschau der verschiedenen Stickereitechniken versetzt den Besucher in die Welt einer gut situierten Familie um 1900.

Im etwa 9 km südwestlich von Lefkara entfernten Kloster **Agios Minas** hingegen, das man über eine Bergstraße (Abzweigung beim Restaurant *The House of the Wind*) erreicht, finanzieren die Nonnen mit Ikonenmalerei in byzantinischer Tradition ihren Unterhalt.

Die Ursprünge des Klosters reichen weit zurück, zumindest bis ins 17., nach anderer Überlieferung sogar bis ins 15. Jh. Sehenswert in der von 1754 stammenden *Kirche* sind vor allem die großen Ikonen der Soldatenheiligen Georgios und Minas.

◁ Das malerisch an den südöstlichen Ausläufern des Troodos-Gebirges gelegene Pano Lefkara ist das zyprische Zentrum der Stickerei

i Praktische Hinweise

Hotel

***Lefkarama**, Pano Lefkara, mitten im Ort, Tel. 24 34 21 54, www.lefkarama.com. Zehn Zimmer mit originellem schmiedeeisernen Mobiliar.

Noch sehr idyllisch ist das Bergdorf Pano Lefkara mit seinen rot gedeckten Häusern rund um die Pfarrkirche

12 Chirokitia/ Khirokitia

TOP TIPP *Sehenswerte Ausgrabungen einer Siedlung aus der Jungsteinzeit.*

Wie in Mesopotamien, Palästina und Anatolien hat man auch auf Zypern bereits vor 9000 Jahren Siedlungen geradezu stadtähnlich gestaltet, und zwar mit dicht an dicht gebauten Steinhäusern im Schutz von Mauern.

Wer sich für die Reste einer der ältesten Siedlungen der Menschheitsgeschichte interessiert, der fahre über die Autobahn Larnaka–Lemesos zur nur 8 km von der Küste entfernt über einem Flusstal liegenden Ausgrabungsstätte Chirokitia. Man weiß heute, dass dieser Ort rund ein Jahrtausend lang besiedelt war, dann aus bisher unbekannten Gründen aufgegeben wurde und nochmals ab etwa 4500 v. Chr. wiederum 1000 Jahre lang bewohnt war. Im Gegensatz zu den Bewohnern der ersten Siedlungsperiode hatten jene der zweiten schon Keramik in Gebrauch.

Die rekonstruierten Rundbauten, *Tholoi*, am Eingang des **Grabungsgeländes** (April–Okt. tgl. 8–18, Nov.–März 9–17 Uhr) bestehen aus bis zu 1 m dicken Feldsteinmauern und weisen jeweils zwei bis drei Fenster und Trennwände im Inneren auf. In die größeren Gebäude war mittels Balken ein Zwischenstock eingezogen. Aufgrund der einheitlichen Konstruktion der Häuser kam man zu dem Schluss, dass es in der damaligen dörflichen Gesellschaft keine ausgeprägte hierarchische Gliederung gab. Die Funktion der *Mauer*, die sich den Hang hinauf durch die ganze Siedlung zieht, ist bislang nicht geklärt. Auch auf die Frage, warum Chirokitia seit dem 4. Jahrtausend v. Chr. nicht mehr bewohnt war, fehlt eine schlüssige Antwort. **Schrifttafeln** im recht labyrinthisch wirkenden Ruinenfeld am Hang über dem Maroniou-Bach informieren darüber, dass an diesem Ort einst Schafe und Ziegen gehalten und verschiedene Getreidearten angebaut wurden. Anhand von Skelettfunden konnte man übrigens feststellen, dass die Männer damals kaum älter als 35 Jahre wurden und die Lebenserwartung der Frauen noch geringer war.

Archäologen in Aktion – die Steinzeitsiedlung Chirokitia gibt ihre Geheimnisse nur nach umfangreichen Ausgrabungen preis

Richard Löwenherz auf Hochzeitsreise

Armer Ritter – nach seiner Rückkehr vom 3. Kreuzzug 1192 geriet der legendäre Richard Löwenherz in die Gefangenschaft Kaiser Heinrichs VI.

Freigebig und gewalttätig, ritterlich und habgierig, so widersprüchlich ist der Charakter des englischen Königs **Richard I.** überliefert, den man ›Löwenherz‹ nannte. 32-jährig zum König gekrönt, brach er schon im darauffolgenden Jahr, 1189, zum **Kreuzzug** gegen **Sultan Saladin** auf. Richards Braut, Prinzessin **Berengaria von Navarra**, begleitete ihn auf dieser turbulenten Reise, allerdings auf einem anderen Schiff der Kreuzfahrerflotte. Ein Sturm ließ sie 1191 an der Südküste Zyperns bei Amathous stranden und der damalige zypriotische Herrscher, **Isaak Komnenos**, setzte sie recht ungalant gefangen.

Statt Lösegeld einzutreiben, verlor Isaak jedoch selbst Land und Freiheit: Richard eroberte kurzerhand Zypern, verkaufte die Insel an den **Templerorden** und fand vor der Weiterfahrt noch Zeit für die Hochzeit mit Berengaria in der **Burg von Lemesos**. Ruhiger wurde das Leben danach nicht: Richard führte anderthalb Jahre Krieg im Heiligen Land, erduldete von schwer gekränkten Gegnern weitere anderthalb Jahre Haft auf Schloss Dürnstein in der Wachau und auf Burg Trifels in der Pfalz, führte nach der späten Rückkehr in die englische Heimat (1194) bald Kämpfe in Frankreich und starb im Jahr 1199 an den Folgen einer Verwundung, die er sich bei einer Fehde zugezogen hatte. Für Zypern hatte das Löwenherz-Intermezzo weitreichende Folgen, denn die Tempelritter verkauften die Insel nach einem **Aufstand** gegen die Fremdherrschaft weiter und öffneten damit der französischen **Lusignan-Dynastie** den Weg zum zyprischen Thron. Drei Jahrhunderte sollte das französische Adelsgeschlecht ihn anschließend behaupten.

13 Lemesos/ Limassol

Plan Seite 46

Zweitgrößte Stadt Zyperns mit mediterranem Flair.

Wer von Osten kommt, fährt entlang der Küste über den großzügig angelegten, verkehrsreichen *Palmenboulevard* in die Touristenhochburg Lemesos ein, die sich an schmale Strände drängt und bereits beträchtlich ins Hinterland ausgreift. Bis auf zehn Stockwerke steigt die kilometerlange, von den Einheimischen spöttisch ›The Wall‹ genannte Front der Hotels und Geschäftshäuser an. Dahinter versteckt liegt, was vom historischen Lemesos übrig geblieben ist: das Fort, der Park mit schönem altem Baumbestand, Museen und vor allem die Gassen um die attraktive Markthalle. Limassol ist aber auch ein Mekka der guten Restaurants und eines regen Nachtlebens in zahlreichen Diskotheken, Bars, Pubs und Klubs.

Geschichte Während Lemesos in der Antike nur eine Nebenrolle im Schatten von Kourion im Westen und Amathous im Osten gespielt hat, stieg es in *byzantinischer Zeit* (5. Jh.) zum Bischofssitz und zur bedeutenden Handelsstadt auf. **Richard Löwenherz** soll auf dem 3. Kreuzzug (1189–92) dann in der Burgkapelle Prinzessin Berengaria von Navarra geehelicht haben. Zeitweise hatte der **Templerorden** in Lemesos seinen Hauptsitz.

Der Hafen, von dem aus schon im Mittelalter zyprische Weine exportiert wurden, war von Genuesen, Mamelucken, Johannitern, Venezianern und Türken umkämpft. Unter *osmanischer Herrschaft* führten im 16. Jh. schwere Erdbeben zum Niedergang der Stadt. Der große Aufschwung kam erst wieder nach der türkischen Besetzung Nordzyperns 1974 und dem Ausbruch des Bürgerkriegs im Libanon ein Jahr darauf: Lemesos konnte Famagustas Platz als führende **Hafenstadt** Zyperns einnehmen und avancierte zu einer Drehscheibe des Handels im östlichen Mittelmeer und zum bevorzugten Standort reicher Libanesen und Araber. Anfang der 1970er-Jahre eine Stadt von rund 50 000 Einwohnern, zählt Lemesos heute rund 170 000 Einwohner und ist damit die zweitgrößte Stadt der Republik Zypern.

Besichtigung Wer sich im **Tourist Office** 1 am Südende des Palmenboulevards Spyrou Araouzou (Nr. 115 A) mit Infomaterial versorgt hat, kann anschließend gleich zum bedeutendsten historischen Bauwerk von Lemesos, zur

TOP TIPP

Burg 2, hinübergehen. Ursprünglich byzantinisch, dann ein Bau der fränkischen Templerritter aus dem 13. Jh. und nach vielen Zerstörungen stets neu errichtet, umschließt die wuchtige Festung noch immer eine imposante *gotische Halle* mit Kreuzgewölbe, in der heute eine Fotoausstellung die zahlreichen frühbyzantinischen Stätten Zyperns dokumentiert. Sie beherbergt auch das *Museum des Zyprischen Mittelalters* (Mo–Sa 9–17, So 10–13 Uhr). In Kammern, Gängen und unterirdischen Gewölben werden u. a. alte Waffen, steinerne Wappen der französischen und italienischen Adelsgeschlechter, Teile des byzantinischen Silberschatzes von Lambousa in Nordzypern und Grabsteine mit Ritzzeichnungen gezeigt. Originelle zyprische Keramik aus dem 15.–19. Jh. wird im Obergeschoss präsentiert.

Stadteinwärts in Richtung Osten trifft man bei einer Moschee auf ein versteckt gelegenes **Türkisches Bad** 3 (Old Limassol Steam Baths, Öffnungszeiten sind

Lassen Sie sich überraschen! Hinter ihrer großstädtischen Hochhausfront zeigt sich Zyperns größte Hafenstadt auch beschaulich, mit kleinen Läden und Tavernen im mediterranen Flair

im Tourist Office zu erfragen), in dem nur die Herren der Schöpfung Einlass erhalten. An der griechisch-orthodoxen Kirche **Agia Napa** 4 vom Anfang des 20. Jh. vorbei und dann auf dem Odos Saripolou nordwärts durch die Altstadtgassen erreicht man das Viertel um Zyperns besterhaltene historische **Markthalle** 5, eine Eisenkonstruktion aus der Zeit der britischen Herrschaft. Hier sind dekorativ präsentierte Früchte- und Gemüseberge, Fischarrangements oder bunte Korbwaren ein Fest für die Sinne. In Tavernen kann man preiswert zyprisch speisen und in kleinen Läden Weine verkosten, die im Hügelland südlich des Troodos-Gebirges angebaut werden.

Durch die kleine **Fußgängerzone** 6 am Odos Agiou Andreou und durch moderne Ladenpassagen kommt man zu-

Historische Hochzeit – in der Burg von Lemesos gaben sich Richard Löwenherz und Berengaria von Navarra während des 3. Kreuzzugs (1189–92) das Jawort

Männer-Mußestündchen – die schönste Zeit des Tages verbringen die Männer in einem der vielen Kafenions von Lemesos

Ein Fest für alle Sinne ist der Besuch der Markthalle, wo eine Fülle landwirtschaftlicher Produkte auf Käufer wartet

rück zum Palmenboulevard und besucht vielleicht noch am Südende des alten **Fischerhafens** 7 das bei Einheimischen so beliebte Traditionsrestaurant *Ladas Old Harbour* [s. S. 49].

Eine andere Route führt weiter östlich vom Küstenboulevard landeinwärts und in den schattigen **Stadtpark** 8 mit seinem eher dürftigen Mini-Zoo, in dem u. a. das zyprische Mufflon mit seinem typisch gerundeten Gehörn zu Hause ist.

Das **Archäologische Museum** 9 (Di, Mi, Fr 8–15, Do 8–17, Sa 9–15 Uhr) am Odos Lordou Byronou gleich nördlich des Parks ist eines der wichtigsten Zyperns und spannt mit seiner Sammlung einen riesigen Zeitbogen. Es zeigt Steinwerkzeuge aus der Zeit um 8500 v. Chr., Knochen zyprischer Zwergflusspferde (8000–6000 v. Chr.) und Funde antiker Skulpturen und Weihegaben aus dem Apollon-Hylates-Heiligtum von Kourion [s. S. 53]. Den großen Wohlstand von Amathous, der Vorgängerstadt von Lemesos, bezeugen zahlreiche Exponate der archaischen Periode (8.–5. Jh. v. Chr.).

Nur etwa 1 km südwestlich liegt das **Volkskundemuseum** 10 (Mo–Fr 8.30–13.30, Mo, Di, Mi, Fr auch 15–17.30, Juni–Sept. auch 16–18.30 Uhr) am Odos Agiou Andreou 253. Man sieht hier, wie sich die griechischen Zyprioten in den vergangenen Jahrhunderten kleideten und wie sie ihre Wohnungen einrichteten.

Ausflüge

Ein Abstecher nach Westen führt auf dem Leoforos Franklinou Rousvelt in Richtung neuer Hafen zu den vier großen **Weinkellereien** Zyperns (Besichtigungstermine beim Tourist Information Office erfragen). Die größte von ihnen ist die KEO (tgl. 10 Uhr Führungen, Gruppenanmeldung Tel. 25 85 31 00). Hier kann man nach einer Führung preisgünstig nicht nur Wein, sondern auch Bier, Brandy und Ouzo aus hauseigener Produktion erstehen.

Nach wenigen Kilometern erreicht man auf der Ostseite der **Akrotiri-Halbinsel** den schönsten Sandstrand in der Umgebung von Lemesos: den rund 3 km langen *Lady's Mile Beach*. Eine traumhafte arkadische Landschaft erwartet den Besucher auf der Halbinsel, auch wenn südlich des Dorfes Akrotiri britisches Militär stationiert ist. Hier aber reifen Apfelsinen, Avocados, Pampelmusen, Kiwis und Limonen, und an den Rändern der schmalen Straßen recken sich die dunkelgrünen Säulen der Zypressen gen Himmel. Zur Rast laden schattige Picknickplätze und freundliche kleine Dorftavernen.

Nahe dem Dorf Akrotiri breitet sich ein 9 km^2 großer *Salzsee* aus, der im Sommer stets austrocknet, nach den winterlichen Regenfällen aber ein beliebter Rastplatz für Flamingos ist.

Fast haben die östlichen Ausläufer der modernen Stadt Lemesos schon das Ruinengelände des antiken Stadtstaates **Amathous** erreicht (obere Ausgrabung freier Zutritt, Agora Apr., Mai, Sept., Okt. 8–18, Juni–Aug. 8–19.30, Nov.–März 8–17 Uhr). Historisch gesichert ist, dass der Ort schon vor der Ankunft der Phönizier gegründet wurde. Später war er viel besuchter Tempelort der **Aphrodite Cypria** – Ruinen des Heiligtums findet man auf der Akropolis. Noch im Mittelalter Herrschaftszentrum, verlor Amathous nach der Eroberung Zyperns durch Richard Löwenherz 1191/92 seine Bedeutung. Sehenswert sind vor allem die Ruinen der teilweise rekonstruierten Agora oberhalb der Küstenstraße, die Reste der Stadtmauer, eines Nymphäums und einer Brunnenanlage.

Etwa 25 km östlich von Lemesos erstreckt sich der dunkle Sandstrand **Governor's Beach** mit einigen kleinen Buchten zwischen imposanten weißen Hohlkehlfelsen und mit einigen Urlaubshotels. Er liegt in gebührender Distanz zu den Industrieanlagen am Ostrand der Bucht bei Zygi. 4 km landeinwärts im Dorf **Tochni** (s. u.) laden attraktiv renovierte Häuser mit Komfortausstattung und Balkendecken zum Landurlaub ein.

i Praktische Hinweise

Information

Tourist Information Office, Spyrou Araouzou 115 A, Lemessos, Tel. 25 36 27 56. – Am Neuen Hafen (Fährhafen), südlich der Stadt, Tel. 25 57 18 68; Infos auch unter www.limassolmunicipal.com.cy

Nachtleben

Musiktavernen, Folklorelokale, Bars und Disco-Grotten zuhauf findet man entlang der Fortsetzung des Palmenboulevards an der Haupt- und Ausfallstraße nach Osten in der Nachbarschaft der großen Hotelanlagen.

Hotels

*******Amathus Beach Hotel**, Amathus Avenue, P. O. Box 50513, Tel. 25 83 20 00, Fax 25 32 74 94, www.amathushotel.com. Diese Luxusunterkunft gehört zu den *Leading Hotels of the World*. Geboten werden gediegene Zimmer, 9 Restaurants und Bars, Kinder-Unterhaltungsprogramm, großes Hallenbad, Gesundheits- und Fitness-Klub.

******Curium Palace Hotel**, Odos Byronou 11, P. O. Box 54800, Tel. 25 89 11 00, Fax 25 89 13 50, www.curiumpalace.com. Komfortables, traditionsreiches Stadthotel gegenüber dem Archäologischen Museum mit zwei Restaurants, Bar, Pool, Tennis, Sauna, Jacuzzi.

*****Andreas & Melani**, Governor's Beach, P. O. Box 4871, Tel. 25 63 23 14, Fax 25 63 31 01. Das 2006 renovierte Haus liegt direkt am Meer, 13 Zimmer, alle mit Balkon und Meerblick. Restaurantterrasse, Spielwiese und Sandstrand. Buchen über www.sunvil.co.uk.

*****Cyprus Villages Traditional Houses Ltd.**, Sofronis Potamitis, 7740 Tochni (ca. 30 km östlich von Lemessos), Tel. 24 33 29 98, Fax 24 33 22 95, www.cyprus-villages.com. Angebote vom Einzimmerapartment bis zum Haus für vier Personen, auch mit Pool-Benutzung.

***Luxor Guest House**, Agiou Andreou 101, Tel. 25 36 22 65. Einfache Zimmer mit Frühstück in der Altstadt.

Restaurants

Agora, Saripolou 72 (an der Markthalle), Tel. 25 34 00 29. Relativ schickes Lokal mit solider Küche, z. B. deftigem Stifado, in der Wein und Knoblauch eine große Rolle spielen.

La Fiesta, Georgiou A. Avenue 96 (gegenüber McDonald's), Tel. 25 32 27 55. Guter Ruf als Steak-Restaurant, aber auch Pasta, Fisch und zyprische Spezialitäten. Meerblick-Terrasse.

Ladas Old Harbour, Saadi 1, am alten Fischerhafen, Tel. 25 36 57 60. Zwischen den Natursteinmauern eines früheren Johannisbrot-Speichers von 1823 wird heute fein getafelt, vor allem Fisch.

Eine Augenweide sind die glatten weißen Felsen auf dem dunklen Sandstrand Governor's Beach

14 Kolossi

Das kolossale Kastell der Johanniter stammt aus dem 14. Jh.

Ein majestätischer graubrauner Klotz mit Zinnen und kleinen Fensteröffnungen – das ist, 14 km westlich von Lemesos, der monumentale Rest der einstigen Wehranlage der Johanniterritter auf Zypern. Inmitten von Obstplantagen, Weingärten, Olivenbäumen und Zypressen wirkt der 23 m hohe massive Festungsturm ebenso imposant wie abweisend.

Geschichte Von hier aus verwalteten die Johanniter ab etwa 1310 rund 60 zyprische Dörfer und ausgedehnte Ländereien, einen **Ordensbesitz**, dessen Grundstock ihnen der fränkische König **Hugo I.** um 1210 zum Lehen gegeben hatte, mit der Verpflichtung, den Lusignan-Herrschern Militärhilfe zu leisten. Zwischen 1291 und 1310 – bis Rhodos die Nachfolge antrat – war Zypern das Hauptquartier des Johanniterordens. Als der wuchtige Donjon von Kolossi 1454 auf den Fundamenten einer älteren Burganlage errichtet wurde, war die zyprische Komturei folglich schon seit mehr als 140 Jahren nur noch eine von mehreren Außenstellen der Johanniter. Bis 1570 konnten die Johanniter das Kolossi-Kastell gegen die Osmanen verteidigen. Zuletzt hatte die Familie Cornari den Besitz verwaltet. Den Titel eines Großkomturs von Zypern führte die Cornari-Familie noch bis 1799 – damals hatte Napoleon die Johanniter-Orden auf ihrer Insel Malta zur Kapitulation genötigt. Das war das Ende der über ein halbes Jahrtausend als Handels- und Kriegsmacht respektierten Johanniter-Ritter. Karitativ ist der Orden weiter aktiv: mit den katholischen Maltesern und der evangelischen Johanniter-Unfallhilfe.

Einen markanten architektonischen Akzent setzt der vollständig erhaltene Wohnturm der früheren Johanniterfestung Kolossi

Barmherzige Ritter und Herren der Inseln

Am Anfang stand eine karitative Organisation: Nachdem italienische Kaufleute in Jerusalem ein **Pilgerhospital** gegründet hatten, sorgten die frommen **Johanniterritter** für dessen Unterhalt und wurden 1113 als **geistlicher Orden** vom Papst bestätigt. Doch alsbald waren sie nicht mehr allein im Zeichen von Kreuz und Äskulapstab tätig, sondern griffen zum Schwert und wurden gemeinsam mit dem Templerorden zur wichtigsten europäischen **Kriegsmacht** im Heiligen Land. Trotz wachsenden Drucks von Arabern und türkischen Seldschuken konnten sie die von den Kreuzrittern eroberten und annektierten Städte und Gebiete noch bis gegen Ende des 12. Jh. behaupten. Nach der Einnahme Jerusalems durch **Sultan Saladin** 1187 wurde Akkon (heute Akka, an der Bucht von Haifa) Sitz des Ordens. Als 1291 diese letzte Bastion an der Levante geräumt werden musste, flüchteten sie nach **Zypern**, errichteten dort die Burg von **Kolossi** und machten sich einen Namen als Winzer des noch heute geschätzten **Commandaria-Weins**. Dann allerdings nahmen die Ritter mit einem Freibrief des Papstes 1310 die Insel **Rhodos** in Besitz, die bis dahin zu Byzanz gehört hatte. Aus Stiftungen sammelten sie außerdem in ganz Europa Ländereien. Nach der trotz aller Verteidigungsanstrengung erzwungenen Übergabe von Rhodos an die Osmanen 1522, zwei Tage vor Weihnachten, konnten die Johanniter ihren Hauptsitz nach **Malta** (1530–1798) verlegen. Im 19. Jh. dann wechselte der Großmeister, der an der Spitze des Ordens stand, nach **Rom**. 1812 entstand als Neugründung der evangelische Orden der Preußischen Johanniter. Auch heute noch sind die Malteser/Johanniter als karitative Organisation mit ihren **Hilfsdiensten** weithin bekannt.

Besichtigung An der Ostseite des **Donjon** (Apr., Mai, Sep., Okt. 8–18, Juni–Aug. 8–19.30, Nov.–März 8–17 Uhr) empfangen den Besucher die steinernen **Wappen** der Königreiche Jerusalem, Zypern und Armenien sowie jenes der Lusignan-Dynastie und darunter die Wappen von zwei Großmeistern des Johanniterordens und vom Großkomtur Zyperns Louis de Magnac. Über eine **Zugbrücke** (darüber eine ›Pechnase‹, maschikuli, erhalten, aus der über Feinde heißes Pech ausgossen wurde) gelangt man zum Wohnturm und findet sich sogleich im *1. Obergeschoss*, über den Lagerräumen und zwei Zisternen, wieder. Einer der beiden Säle mit einer kaminähnlichen Feuerstelle diente wohl als **Küche**, der andere als **Aufenthaltsraum**. Ihn schmückt ein Kreuzigungsfresko und noch einmal das Lilienwappen des Stifters Louis de Magnac, das auch an den Kaminen im *2. Stock* wiederkehrt. Vom **Dach** hat man einen wunderbaren Blick weit übers Land. Auf der Ost- und Nordostseite kann man noch die Reste der älteren Johanniterfestung, eines Brunnens, der Stallungen und einer kleinen Kirche erkennen.

Bis ins 17. Jh. gab es in dieser Region ausgedehnte *Zuckerrohrfelder*. So erstaunt es kaum, dass man auf dem Gelände von Kolossi auch auf ein interessantes Beispiel früher Industriearchitektur stößt: das **Mühlenhaus** einer einstigen *Rohrzuckerfabrik*. Über ein Aquädukt kam das Wasser für den Antrieb der Mühlräder, die den Saft aus dem Zuckerrohr pressten – ein Mahlstein von mehr als 3 m Durchmesser blieb erhalten. Die Flüssigkeit wurde aufgefangen und der begehrte Zucker zum Schluss in ›Hutform‹ gebracht. An der *gotischen Halle*, die zur Mühle gehörte, ist sogar noch eine griechische Inschrift des türkischen Gouverneurs erhalten, die sich auf die Renovierung des Gebäudes im Jahr 1591 bezieht. Die Kommende der Johanniter überdauert mit jeder neuen Weinernte – im Namen des in dieser Region gekelterten likörsüßen Rotweins *Commandaria*.

15 Kourion/ Curium

Plan Seite 52

TOP TIPP *Eindrucksvolle Ruinenstätte über dem Meer und schöner Strand.*

Um die Mitte des 20. Jh. wurden die spektakulären Ruinen der von den Römern

Meisterwerk der Mosaikkunst – die großartigen Kampfdarstellungen im Haus der Gladiatoren (Kourion) sollen einmalig im Gebiet der Levante sein

Curium genannten Stadt durch amerikanische Archäologen freigelegt. Die Ausgrabungen sind von so großer Bedeutung, dass der schöne breite **Strand** etwa 70 m unterhalb der antiken Stadt noch immer hotelfrei ist, da dort weitere Funde vermutet werden. Der sandige Strandstreifen erstreckt sich über ca. 800 m, dann folgt Kiesstrand. Das Meer ist sauber und flach. Gäste haben zwei Kioske zur Auswahl, um sich mit Getränken zu versorgen.

Geschichte Bereits in der Jungsteinzeit und Bronzezeit war dieser Ort bewohnt. Der Historiograph Herodot berichtet, dass Kourion eine Tochterstadt von Argos (auf dem Peloponnes) sei. Jahrhunderte später tauchte Kourion in Tributlisten des Assyrerkönigs Sargon auf; in der Folge herrschten hier auch die Perser. Unter Alexander dem Großen und seinen Nachfolgern mehrte sich der Wohlstand und hielt bis in die römische Kaiserzeit an. Auch wenn Erdbeben im 4. Jh. n. Chr. große Zerstörungen anrichteten, war Kourion noch in byzantinischer Zeit bedeutend und zudem Bischofssitz. Von den Arabern wurde die Stadt im 7. Jh. verwüstet und verlor an Bedeutung. Bischofssitz war fortan das in der Nachbarschaft neu gegründete Episkopi.

Besichtigung Wer mit dem Wagen kommt, kann vom Wärterhäuschen bis zum **Grabungsgelände** (Apr., Mai, Sep., Okt. 8–18, Juni–Aug. 8–18.30, Nov.–März 8–17 Uhr) auf der Akropolis hinauffahren und oberhalb des rekonstruierten römi-

Von goldener Schönheit sind die fantastischen Sonnenuntergänge am Strand von Kourion

schen **Theaters** [**A**] aus dem 2. Jh. n. Chr. parken.

Den prächtigsten Bauplatz östlich vom Theaterrund sicherte sich ein Christ namens Eustolios. Das **Haus des Eustolios** [**B**] aus dem 4./5. Jh. besticht vor allem durch seine geräumigen Bäder, die zu der Annahme führten, dass es sich dabei um eine öffentliche Therme gehandelt habe. Auf Holzstegen schreitet man über die wunderbaren *Mosaikböden* des einst so herrschaftlichen Peristylhauses, die neben Pflanzen- und Vogeldarstellungen auch das christliche Fisch-Symbol zeigen, wie man es vereinfacht aus frühchristlichen Katakomben kennt.

Wer den befestigten Weg ein Stück in Richtung Nordwesten läuft, erblickt rechts das **Römische Forum** [**C**] mit monolithischen Säulen und einem Nymphäum. Zugänglich sind links die Reste einer **Frühchristlichen Basilika** [**D**] von monumentalen Ausmaßen. Tatsächlich war diese Bischofskirche (4./5. Jh.) mit 55 m Länge und 37 m Breite eines der größten Gotteshäuser Zyperns. Die Fundamente der Säulen, die einen Baldachin über dem Altar trugen, eine Chorschran-

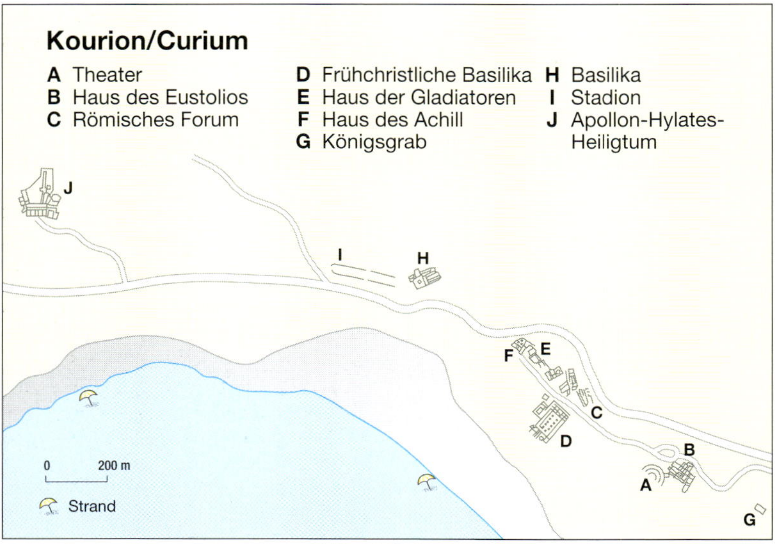

Ausgrabungsstätte mit Meerblick – in Kourion wird römische Vergangenheit lebendig

ke, die den Priesterraum von der Gemeinde trennte, die Seitenräume für die Ungetauften *(Katechumenen)* – alles ist dank der erhaltenen Grundmauern gut erkennbar. Der Boden ist mit farbigem Sechs- und Achteckpflaster ausgelegt, Reihen von Granitsäulen unterteilten die Kirche in drei Schiffe. Nördlich schloss sich die **Taufkapelle** an, in deren Ruinen das kreuzförmige Wasserbecken für die Ganzkörpertaufe erhalten ist.

Weiter nordwestlich standen zwei Wohnhäuser, deren Bodenmosaike aus vorchristlicher Zeit außerordentlich schön sind. Die Kampfdarstellungen im **Haus der Gladiatoren** [E] sollen einzigartig im Gebiet der Levante sein. Auf dem leider stark beschädigten Mosaik im **Haus des Achill** [F] sieht man den antiken Helden in Frauengewändern. So bekleidet hatte ihn seine Mutter Thetis unter jungen Frauen versteckt, um ihren Sohn vor dem Tod im Trojanischen Krieg zu bewahren. Doch der listenreiche Odysseus ließ die Kriegstrompete blasen – sogleich griff Achill zu Speer und Schild.

Neue Grabungsfunde der letzten Jahre sind u.a. ein **Königsgrab** [G] und die Reste einer zweiten großen **Basilika** [H] unterhalb der Akropolis am Strand.

Auf einem halbstündigen Fußmarsch kommt man weiter westlich, vorbei am **Stadion** [I] des 2.Jh., in dem zur Ergötzung von 6000 Zuschauern Wettkämpfe und Ballspiele stattfanden, zum

TOP TIPP

Apollon-Hylates-Heiligtum [J]. Der Gott ist der Überlieferung zufolge auf Zypern als *Apollon Hylates*, als Schützer der Wälder, verehrt worden. In dem archäologisch gut erschlossenen Gelände dominieren die Fragmente des *Apollontempels* aus dem 1.Jh. mit Teilen des Giebels und zwei wieder aufgerichteten schlanken Säulen mit den so seltenen nabatäischen Kapitellen, die Reliefzapfen in Kehlungsbögen zeigen.

In der *Palästra*, der einstigen Ringerschule, sieht man den Rest eines riesigen Steinbottichs. Vermutlich enthielt er Olivenöl, mit dem sich die Faustkämpfer einrieben.

Erhalten sind auch weitläufige *Dormitorien* (Schlafsäle), eine *Grube* für Weihegeschenke und ein *rundes Monument* aus dem 6.Jh. v.Chr., das als Baumheiligtum gedeutet wird.

Einem Rundgang durch das Grabungsgelände von Kourion sollte sich ein Besuch des sehenswerten **Kourion-Museums** (Mo, Di, Mi, Fr 8–16, Do 8–17 Uhr) im benachbarten Episkopi anschließen. Die kleine Sammlung beinhaltet neben vielen Keramik-, Münz- und Skulpturenfunden auch die Skelette einer jungen Familie, die beim Erdbeben des Jahres 365 auf der Akropolis von Kourion ums Leben kam. Der etwa 25-jährige Mann umarmt seine junge Frau, die ein kleines Kind im Arm hält, schützend von hinten. Entdeckt wurden die Erdbebenopfer in einer Ruine zwischen Theater und Basilika, die als ›House of the Earthquake Evidence‹ bezeichnet wird.

Der Troodos – Wälder und Wanderwege, Klöster und Künstler

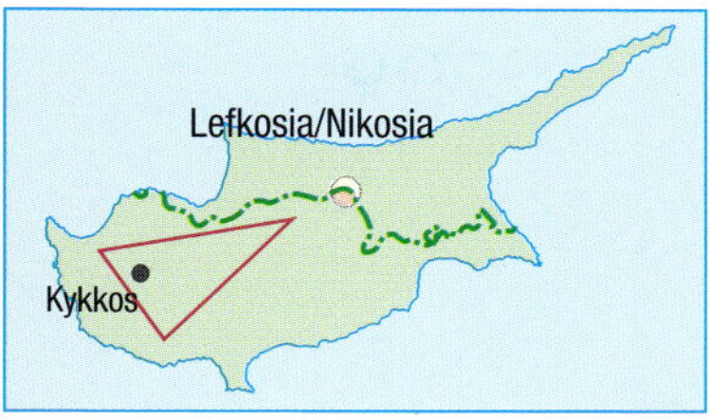

Ein **Gebirge**, das auf nahezu 2000 m Höhe ansteigt, mit Flüssen, die für die Wasserversorgung fast des ganzen Inselsüdens wichtig sind, und ausgedehnten **Pinien- und Zedernwäldern** – das ist der Troodos. Wer nur die Sonnenküsten der Insel kennt, begegnet in dieser Region einem anderen, einem beschaulicheren Zypern. Die herrlichen Wälder werden mehr und mehr als **Wandergebiet** erschlossen. Stauseen sammeln das Regenwasser. Im Winter bietet sich der 1951 m hohe **Olympos-Gipfel** in weißer Pracht dar und lockt die Skifahrer auf seine Pisten. Im Sommer finden Urlauber im kühleren Klima der Bergdörfer Zuflucht vor der Hitze. Zu den schönsten alten Gotteshäusern Zyperns zählen die griechisch-orthodoxen **Scheunendachkirchen** mit ihren fast bis zum Boden reichenden Satteldächern. Neun von ihnen wurden von der UNESCO zum Weltkulturerbe erklärt.

Anders als das jüngere Kalksteingebirge im Norden, die Pentadaktylos/Beşparmak-Kette mit ihren Spitzen und Graten, präsentieren sich die vor rund 25 Mio. Jahren aufgefalteten Höhen des Troodos mit gerundeten Kuppen. Waldärmer, in den breiten Tälern aber auch dichter besiedelt ist das südöstlich anschließende **Pitsilia-Gebirge** um das große Dorf **Agros**.

16 Pano Platres und Olympos

Beliebteste Sommerfrische im Troodos und höchster Berg Zyperns.

Aus welcher Himmelsrichtung man auch kommt, der Anblick von **Pano Platres** an waldgrünen Berghängen bezaubert jeden Betrachter. Schon zu Beginn des 20. Jh. hat der auf 1200 m Höhe liegende Ort die ersten Gäste und Hotelinvestoren angezogen. Heute besteht Pano Platres wie auch das viel kleinere, nördlich gelegene **Troodos** auf 1700 m fast ganz aus Hotels und Apartmenthäusern, Geschäften und gastronomischen Betrieben.

Um diese beiden Orte und den in Luftlinie etwa 7 km von Pano Platres entfernten Olympos-Gipfel existieren vier **Naturlehrpfade**: *Artemis* um den Olympos (7 km), *Atalante* vom Ort Troodos zur stillgelegten Chrommine mit wundervollem Blick auf die Wälder und Dörfer des nördlichen und westlichen Troodos-Gebirges (9 km), *Kaledonia* vom Kryos Potamos, dem kalten Fluss, zu den beeindruckenden Kaledonia-Wasserfällen (2 km) und *Persephone*, ein Höhenweg von Troodos aus zu einem Aussichtspunkt, von dem man bis Lemesos sehen kann (3 km). Gute Begleiter sind die beim Tourismusbüro in Pano Platres erhältlichen Wanderkarten, die die verschiedenen Wege vorstellen und mittlerweile auch auf Deutsch erhältlich sind.

◁ Über die verschneiten Hänge des Olympos wedeln oder in malerischen Bergdörfern den Sommer genießen – das bildschöne Troodos-Gebirge hat immer Saison

Von Pano Platres selbst führen **Wanderwege** u. a. zum Mesopotamos-Kloster (9 km, Mo–Sa 8.30–12 Uhr) mit einem schönen Picknickplatz auf dem Klosterhof sowie zu den Dörfern Pera Pedhi (7 km) und Phini (9 km, steil abwärts), einem bekannten Töpfer- und Korbflechterzentrum.

Die wichtigste Sehenswürdigkeit im Umkreis war bis 1998 das Kloster **Trooditissa**, eine Gründung aus dem 13. Jh. mit einer als wundertätig verehrten Muttergottes-Ikone und einem silberbeschlagenen Gürtel, der Frauen zur erwünschten Schwangerschaft verhelfen soll. Der übermächtig angeschwollene Strom der Touristen hat die Mönche jedoch dazu veranlasst, grundsätzlich keine Besucher mehr zu empfangen.

Mit dem Auto und die letzten 150 m zu Fuß kann man hingegen den **Olympos** (1951 m) erklimmen, eine abgeflachte Doppelkuppe mit gelichtetem Baumbestand, an einigen Stellen überragt von Telekommunikationsmasten und der weithin sichtbaren weißen Radarkugel der britischen Luftwaffe. Die *Aussicht* bei klarem Wetter bis zum Meer sowie auf den westlichen Teil der Insel mit seinen ausgedehnten Wäldern und die Beşparmak-(Kyrenia-)Kette im Nordosten ist grandios. Im Winter werden am Olympos je nach Schneelage vier Schlepplifte aktiv.

i Praktische Hinweise

Information

Tourist Information, bei der Post in Pano Platres, Tel. 25 42 13 16, PlatresInfoOffice@cto.org.cy

Hotels

******Forest Park**, Pano Platres, am Ortsende Richtung Trooditissa, Sp. Kyprianou Odos 62, Tel. 25 42 17 51, Fax 25 42 18 75, www.forestparkhotel. com.cy. Die einzige Unterkunft oberer Kategorie im Troodos. Das 280-Betten-Traditionshaus verfügt über sechs Chalet-Suiten, Swimmingpool, Hallenbad, Sauna, Waldpark und Restaurant.

*****New Helvetica**, Pano Platres, Helvetia Odos 6, Buchungstel. 00 41/213 10 08 81, www.minotel.com. Das herrlich gelegene Familienhotel besteht seit 1929. Sport wird hier groß geschrieben, beispielsweise werden Mountainbike-Touren in das Gebirge angeboten.

****Petit Palais**, Pano Platres, Tel. 25 42 27 23, Fax 25 42 10 65, www.petitpalaishotel. com. Kinderfreundliches, komfortables Haus mit gut 30 Zimmern, mit Klimaanlage, Restaurant und Bar.

Restaurants

Psilo Dendro, am Beginn des Waldwegs von Pano Platres zu den Kaledonia-Wasserfällen, Tel. 25 42 13 50. Zu den besonderen Köstlichkeiten zählen die gegrillten Forellen aus der eigenen Zucht.

Village Taverna, Tel. 25 42 27 77, an der Straße vom Zentrum in Richtung Hotel Forest Park. Die rustikale Taverne verfügt über eine Aussichtsterrasse. Hier kann man sich wohlschmeckende einheimische Küche munden lassen.

17 Agros

TOP TIPP *Das attraktive Bergdorf liegt im Herzen des Pitsilia-Gebirges.*

Im östlichen Troodos, auf rund 1000 m Höhe, liegt Agros malerisch an steilen, teils weinbewachsenen Hängen. Vor Jahren gründete hier ein aus dem australischen Exil zurückgekehrter Zyprer mit einigen Landsleuten eine Kooperative für den Bau eines Drei-Sterne-Hotels. Um das ›*Rodon*‹ herum entwickelt der Marktflecken nun seine touristischen und kulinarischen Angebote. So gibt es u. a. ein Kaffeehaus und Läden, in denen man Rosenwasser-Spezialitäten, Geräuchertes oder süße Köstlichkeiten einkaufen kann – alles ökogerecht und hausgemacht, z. B. Fleisch bei *Kafkalia*, Marmeladen, Süßigkeiten oder eingelegte Früchte bei *Nikis*.

Vom Rodon-Hotel steigt man hinunter zur 1884–1909 errichteten **Marienkirche** und findet gleich davor die kleine **Marienkapelle** (Schlüssel im Laden gegenüber) mit den größten Kostbarkeiten des Ortes: *Ikonen* aus der ersten, abgerissenen Marienkirche, darunter einer der Überlieferung nach vom hl. Lukas gemalten Mariendarstellung.

Spaziert man weiter durch das weitläufige Hangdorf, sieht man zwischen den Neubauten immer wieder ältere *Häuser* mit Holzbalkonen und flach geneigten Ziegeldächern – manche noch aus Feldsteinmauerwerk.

Von Agros aus lohnt ein Abstecher in das 10 km entfernte **Pelendri** mit seiner *Timiou-Stavrou-Kirche*, die zum Weltkulturerbe der UNESCO erklärt wurde. Das auf einem Vorhügel unterhalb der Hauptstraße thronende Feldsteinkirchlein (gegründet 1178, Neubau im 14. Jh.) mit hohem Tambour auf dem Giebeldach birgt in seinem Tonnengewölbe Malereien des 14. und 15. Jh., darunter eine ausdrucksstarke Pantokrator-Darstellung in der Kuppel und ein Silberkreuz mit besonders schöner Reliefarbeit.

Übrigens: Um Agros bieten sich mehrere markierte Wanderungen an, über die man im *Rodon* Auskunft erhält!

i Praktische Hinweise

Hotel

*****Rodon**, Rodou 1, am Ortsrand von Agros, Tel. 25 52 12 01, Fax 25 52 12 35, www.rodonhotel.com. Rund 130 Zimmer und 26 Suiten mit Fernblick. Außerdem

Himmelsnah – Kultbilderflut im Gebirge

Lange in Vergessenheit geraten, doch heute von Kunsthistorikern wie Laien gefeiert und von der UNESCO zum Teil auf die Weltkulturerbe-Liste gesetzt, das sind die **Kirchen** mit den **byzantinischen Fresken** im Troodos-Gebirge. Meist verstecken sie sich in äußerlich unscheinbaren Dorfkirchen mit großen, oft aus fränkischer Zeit stammenden **Scheunendächern**, denen es wohl zu verdanken ist, dass der kostbare Bilderschatz vom feuchten Gebirgsklima zwar in Mitleidenschaft gezogen, aber nicht zerstört wurde. Viele mitteleuropäische Besucher sehen sich angesichts dieser Wandmalereien mit einer ganz ungewohnten Kunstauffassung konfrontiert, auch wenn ihnen die Thematik aus der christlich-westlichen Tradition durchaus bekannt ist.

Im orthodoxen Christentum sollen die dargestellten Figuren Abbilder eines wahren **Urbilds** (Vera icon) der göttlichen und heiligen Wesen sein, das nicht von Menschenhand geschaffen wurde. Und da sich das Göttliche nicht verändert, so folgt auch die Darstellungsweise seit Jahrhunderten immer dem **gleichen Schema**, in der Körperhaltung der Gestalten und ihrer frontalen Ausrichtung bis zu den einzelnen Elementen der Komposition und dem Verzicht auf räumliche Perspektive. Zaghafte Abweichungen unter westlichem Einfluss manifestieren sich in sanfter Bewegtheit und Individualisierung, doch hält sich dies alles in engen Grenzen. Trotz des Verzichts auf eigene kompositorische Kreativität gelang den orthodoxen Malern oft Außerordentliches, z. B. durch stärkste Eindringlichkeit der Gesichtszüge.

Um Göttliches wiederzugeben, waren selbstverständlich auch **edelste Materialien** erforderlich: Blattgold-Hintergründe, gehämmerte Ummantelungen aus Edelmetall oder Farben aus zerriebenen Halbedelsteinen.

Die Platzierung der Bilder im **Kirchenraum** folgt einem festen Programm. Christus, der Weltenherrscher, der Pantokrator, thront stets in der **höchsten Zone**, meist in der Zentralkuppel, darunter präsentieren sich Engel, Propheten und die vier Evangelisten. In der **mittleren Zone**, an den Wänden des Kirchenschiffs und der Kreuzarme, ist der Zwölf-Feste-Zyklus (Dodekaorton) dargestellt, Bilder rund um das Leben Jesu, die den wichtigsten Festen des Kirchenjahres entsprechen: Verkündigung, Geburt, Taufe, Jesus im Tempel, Auferweckung des Lazarus, Einzug in Jerusalem, Kreuzigung, Verklärung, Höllen- und Himmelfahrt, Pfingstwunder oder Mariä Entschlafung. In der **unteren Zone** werden Heilige dargestellt, die dem Stifter oder der Gemeinde besonders am Herzen lagen.

Gut behütet – ein schlichtes Scheunendach schützt die kostbaren Fresken von Lagoudera Arakiotissa vor den Unbilden der Natur

Der **Altarraum** (Bema), das Allerheiligste, ist durch die reich geschnitzte oder vergoldete **Ikonostase** vom Gemeinderaum abgetrennt. Im Allerheiligsten, in der halbrunden Apsis, hat die häufig von den Erzengeln Michael und Gabriel flankierte Gottesmutter ihren Ehrenplatz. An der Ikonostase sieht man Christus am Kreuz zwischen Johannes und Maria, darunter eine Reihe kleiner Tafeln mit Bildern des Zwölf-Feste-Zyklus oder mit Aposteldarstellungen. Links und rechts der **Schönen Pforte** (Oraia pyle), dem Eingang zum Allerheiligsten, der mit einem Vorhang verschlossen ist, sind eine Marien- und eine Christusikone zu erkennen, daneben Heilige, so z. B. das Bild des **Kirchenpatrons** und eine Darstellung von Johannes dem Täufer.

gibt es Fitnessraum, Sauna, zwei Swimmingpools, Tennis, Gesundheitszentrum und Kindergarten.

18 Louvaras

Kleiner Ort mit großer Malerei.

Bevor man auf der E 110 von Agros in Richtung Süden nach Lemesos die Gebirgsregion verlässt, führt bei Kalo Chorio eine Stichstraße in südöstlicher Richtung nach Louvaras. Mitten im Dorf steht die Scheunendachkirche **Agios Mamas** (›des Löwen reitenden Hirten‹; Schlüssel beim Dorfpriester). Laut Inschrift über der westlichen Tür wurde sie 1455 errichtet und 1495 von dem berühmten *Philip Goul* mit **Fresken** ausgestattet. Goul ist einer der wenigen namentlich bekannten zyprischen Maler des Spätmittelalters, dessen Kunst der kreativen und variationsfreudigen Einbindung italienischer Formensprache in die byzantinische Malerei man auch in Platanistasa [s. S. 60] bewundern kann.

Die Seitenwände der Einraumkirche sind in drei Zonen übereinander mit Heiligenfiguren und Episoden aus dem Leben Christi geschmückt. Man achte vor allem auf die selten dargestellten Heil- und Wunderszenen aus dem Neuen Testament an der Südwand: Heilung des Lahmen (Joh. 5, 1–16), Heilung des blind Geborenen (Joh. 9, 1–41), Dämonenaustreibung (Matth. 8, 28–32) und Heilung vom Fieber (Markus 1, 30–31).

19 Lagoudera

Wunderbare Wandbilder, die zu den bedeutendsten Zyperns zählen.

Auf kurvigen Straßen fährt man von Agros in nördlicher Richtung nach Lagoudera. Dabei durchquert man den Nordteil der Pitsilia-Region des Troodos mit ihren weiten, waldarmen Tälern unter kahlen Bergen, den landwirtschaftlich kultivierten Terrassen und hübschen Hangdörfern.

Am Rand von Lagoudera steht ein weiteres UNESCO-Weltkulturerbe: die äußerlich so schlichte Scheunendachkirche **Panagia tou Arakou**, die aber in ihrem Inneren mit einem der bedeutendsten noch vollständig erhaltenen byzantinischen Freskenzyklen überrascht. Eine *Inschrift* in der Nordnische der Kuppelkirche datiert die Fresken auf 1192. Der Bilderschmuck ist ganz im Stil der *Komnenenzeit* (byzantinische Kaiserdynastie 1081–1185) von einem unbekannten Meister aus Konstantinopel ausgeführt worden. Diese oft als klassizistisch bezeichnete Art der Darstellung ist nicht streng, göttlich distanziert und überwältigend, sondern von beseelter Zartheit und Menschlichkeit geprägt. Das demonstriert

Kaum zu glauben – hinter der eher schlichten Fassade der Panagia-tou-Arakou-Kirche bei Lagoudera verbirgt sich ein wundervoller byzantinischer Freskenzyklus

Unter dem Schutz der UNESCO stehen die einzigartigen mittelalterlichen Wandgemälde der Panagia-tou-Arakou-Kirche …

z. B. an der Südwand ganz deutlich die Darstellung der stehenden *Gottesmutter*, die ihr zappelndes Kind mit dem klugen Erwachsenengesicht liebevoll-besorgt festhält. Hinter ihr stehen die gramgebeugten Erzengel Gabriel und Michael mit den Symbolen der Kreuzigung. Insgesamt zeigt das Bildprogramm eine Fülle von biblischen Geschichten und Gestalten, darunter die Verkündigung, Christi Geburt, die Taufe und die vier Evangelisten.

Nebenan im Klostergebäude (Kirchenschlüssel!) versorgt ein *Laden* die Besucher mit allerlei Gedrucktem und Honig.

… und auch die Meisterwerke der Kirche Stavros tou Agiasmati bei Platanistasa

20 Platanistasa und Palaichora

Östlichste der neun berühmten Troodos-Kirchen, Rotwein und postbyzantinische Fresken.

Von Lagoudera aus erreicht man auf kurvigen Bergstraßen nach ca. 15 km das südöstlich gelegene Dorf **Platanistasa** und von dort aus das 8 km entfernte Weltkulturerbe-Kirchlein **Stavros tou Agiasmati** (vor der Besichtigung der Kirche rufe man Vasilis Hadjigeorgiou in Platanistasa an, Tel. 22 65 25 62, bei dem man sich den Schlüssel abholen muss). Am Hang gedeihen Weinreben, Oliven- und Mandelbäume, großartig öffnet sich der Blick auf schroffe Berghöhen. In dieser Abgeschiedenheit wurde wohl um das Jahr 1494 diese ›Heiligkreuzkirche‹ gegründet, vermutlich von Einwohnern der Stadt Agiasmati im Westen Kleinasiens, die vor der Türkenherrschaft nach Zypern geflohen waren. Die Namen des Stifters, Peter, Sohn des Peratis, und des Malers, *Philip Goul*, sind überliefert.

Das kleine Gotteshaus mit dem Scheunendach präsentiert im *Inneren* ein wandfüllendes Bildprogramm vor allem mit christologischen und mariologischen Themen. Einen Blick schenken sollte man aber auch den Fresken an der Bogenlaibung der Nordwand, die u. a. Kaiser Konstantins Mutter Helena bei der Auffindung des Heiligen Kreuzes darstellen.

In ihrem Stil überwiegend traditionell, zeigen einige Bildfelder überraschende kompositorische Eigenheiten. Christus steht z. B. bei seiner Taufe nicht wie üblich im Fluss, sondern er schwebt in muskulöser Nacktheit, doch ohne Geschlecht, über dem Wasser.

21 Asinou

Juwel byzantinischer Malerei in einem entlegenen Waldtal.

Auf der Hauptstraße von Troodos nach Lefkosia hat man das Gebirge schon fast hinter sich gelassen, wenn man bei Kato Koutrafas nach Nikitari und dort nach Asinou abbiegt (ausgeschildert). Eine friedliche Wälder- und Wiesenlandschaft rahmt die Kirche **Panagia Phorbiotissa** von Asinou (8.30–16 Uhr oder vorher erfragen unter Tel. 22 85 29 22 oder 99 83 03 29, Bruder Kyriakos). Ganz unscheinbar wirkt der auf einer lichten Anhöhe stehende ziegelgedeckte Bau, doch ist er im *Inneren* vollständig ausgemalt. Dank der vorzüglichen Restaurierung durch Spezialisten der Harvard-Universität sind die Fresken in hervorragendem Zustand. Dieses UNESCO-Weltkulturerbe-Kirchlein lohnt darum unbedingt einen Besuch.

TOP TIPP

Etwa zwei Drittel der Gemälde stammen aus den Jahren 1105/06, also unmittelbar aus der Zeit nach dem Bau von Kirche und Kloster (nicht erhalten), und gelten als Werke von Hofkünstlern aus Konstantinopel. Die Figuren wirken sehr viel zarter, die Farben heller als die der Fresken aus dem 14. Jh. Wirkungsvoll haben die Maler tiefblaue Hintergründe gewählt und die Bildfelder in kräftige rote Rahmen gesetzt.

In der überwältigenden Fülle der Fresken – jene im Altarraum und im Westteil

Oben: *Horror vacui – die Kirche Panagia Phorbiotissa in Asinou ist vom Boden bis zur Decke mit Fresken aus verschiedenen Jahrhunderten ausgemalt …*
Unten: … *was der äußerlich nüchterne Baukörper nicht gerade vermuten lässt*

Nach Durchquerung des Weinbaugebiets von *Alona*, von dessen Hangterrassen die Trauben für den samtig-trockenen Alona-Rotwein stammen, gelangt man in das Großdorf **Palaichora** etwa 7 km südöstlich von Platanistasa. Schon der anmutigen Landschaft wegen lohnt es sich, das Auf und Ab des Weges dorthin auf sich zu nehmen, darüber hinaus ist aber vor allem die Kirche *Metamorphosis tou Sotiris* (›Verklärung des Erlösers‹) einen Besuch wert. Sie liegt auf einem Sattel, von dem sich ein herrlicher Blick auf das Dorf eröffnet. Die gut erhaltenen Fresken aus dem frühen 16. Jh., die fast die gesamte Wandfläche der Kirche bedecken, schließen sich im Stil an die berühmteren von Platanistasa an.

des Kirchenschiffs gehören zu den ältesten – fallen in der Apsis die große Maria mit erhobenen Händen (*Theotokos*, die Gottesgebärerin) und darunter ›Das letzte Abendmahl‹ ins Auge: Jesus verteilt Brot an seine Jünger, Judas aber wendet sich ab und spuckt die Gabe aus.

Sehr schön – aber leider beschädigt – sind das ›Pfingstwunder‹ und die ›Auferweckung des Lazarus‹ im Gewölbe des Schiffs. Die Bilder des 14. Jh. thematisieren dann, am Südportal beginnend, die Lebens- und Leidensgeschichte Christi. In einer unteren Bildreihe – vor allem an der Südwand – sieht man Heilige und an den pfeilerartigen Mauervorsprüngen, die den Kirchenraum in zwei Joche gliedern, große Darstellungen der Apostel Petrus und Paulus. In der von außen durch das schützende Scheunendach nicht sichtbaren Kuppel der *Vorhalle* thront Christus als Pantokrator mit einem edelsteingeschmückten Buch in der Linken.

Warum diese fromme Pracht in der ländlichen Abgeschiedenheit? Ließ sich der Stifter hier vielleicht seinen Alterssitz erbauen, wandelte ihn dann zum Kloster um und wurde – wie einige Quellen berichten – selbst dessen Abt?

22 Kakopetria und Galata

Alte Bauernhäuser und berühmte Kirchen.

Knapp 15 km vom Ort Troodos auf der B 9 Richtung Lefkosia liegt rechts der Straße im fruchtbaren Karyotis-Tal **Kakopetria**. Das Dorf inmitten einer von Apfelbäumen und Pappeln geprägten Landschaft hat sich zu einem beliebten Ferienziel mit Hotels, Cafés, kleinen Pensionen und Tavernen gemausert. Der hübsche historische Dorfkern mit seinen vorwiegend aus dem 19. Jh. stammenden traditionellen **Bauernhäusern** in Lehmziegelarchitektur steht unter Denkmalschutz.

Denkmalgeschützte Bauernhäuser geben dem alten Ortskern des Touristendorfs Kakopetria seine besondere Ausstrahlung

Besucher kommen aber nicht nur wegen der köstlichen Äpfel und des angenehm kühlen Sommerklimas nach Kakopetria, sondern vor allem auch um hier und im benachbarten Galata kostbare Wandmalereien zu bewundern.

Die wegen ihrer altehrwürdigen Architektur und ihrer Ausmalung berühmteste Kirche der Gegend ist die 5 km südwestlich im Buschwald bei einem Jugend-Erholungsheim gelegene **Agios Nikolaos tis Stegis** (hl. Nikolaus vom Dach, Di–Sa 9–16, So 11–16 Uhr, ausgeschildert). Auch sie steht unter dem Schutz der UNESCO. Die Mauern aus schweren Feldsteinen stammen aus dem 11. Jh. und wurden nachträglich im 13. Jh. durch ein schindelgedecktes Scheunendach vor den bisweilen meterhohen Schneemassen im Winter geschützt.

Das Gewölbe des *Narthex* aus dem 12. Jh. schmückt u. a. ein ›Jüngstes Gericht‹ mit Höllenschlund. Auf der linken Seite ist der Erzengel Michael zu sehen. Interessant ist auch die Personifizierung des Meeres als halb nackte Frau, die auf einem Tier durch die Wellen reitet – eine aus vorchristlicher Bildsprache übernommene Darstellung. Die lebensvollen *Fresken* (11. Jh.) im Kirchenraum, die zu den ältesten Zyperns zählen, zeigen u. a. die ›Auferweckung des Lazarus‹, die ›Verklärung Christi‹ (südliche Gewölbeseite) und den ›Einzug in Jerusalem‹ (über dem Portal). Die Malereien sind im damals in Konstantinopel üblichen strengen und antikisierenden Stil ausgeführt. Anrührend ist die Szene der ›40 Heiligen von Sebaste‹ an der Südwestwand der Kirche, die sich auf eine Legende aus der Zeit der Christenverfolgung bezieht: Die Obrigkeit wollte die Männer zwingen, Christus abzuschwören, und setzte sie deshalb nur mit einem Lendentuch bekleidet auf dem Eis aus, hielt aber für die Abtrünnigen Feuer und warmes Badewasser bereit. Auf dem Bild bemühen sich die Standhaften um einen Mann, der zusammenbricht, vom Himmel schweben Märtyrerkronen auf die Gruppe herab.

Die Christenverfolgung ist das Thema der ›40 Heiligen von Sebaste‹ (11. Jh.) in der Nikolauskirche von Kakopetria

Kakopetria geht fast nahtlos in den kleineren Nachbarort **Galata** über. In den *Kafenions* der hübschen Platia oberhalb der Brücke, die über einen munter plätschernden Bach führt, kann man sich nach dem Schlüssel für die beiden Scheunendachkirchen am Nordrand des Ortes erkundigen.

Die Gemälde in der Kirche **Panagia Poditou** stammen von 1502. Ein Parteigänger der an die Macht gekommenen Venezianer gründete hier ein Kloster (das verfiel und abgerissen wurde); der Name Poditou verweist möglicherweise auf die Herkunft der Familie aus der französischen Landschaft Poitou. Die wenigen *Fresken* weisen durch ihre dramatische Gestaltung, schöne Komposition und lebendige Farbgebung auf italienische Einflüsse hin.

Ins Jahr 1514 datiert die kaum 100 m entfernt stehende **Erzengel-Michael-Kirche**, deren Stifterfamilie über der Nordtür und neben der Heiligen Dreifaltigkeit abgebildet ist. Madelena, die Gattin eines der Stifter, dargestellt mit zartem Schleier und venezianisch zurückgekämmter Frisur, trägt einen Rosenkranz und gibt sich dadurch als Katholikin zu erkennen. Ihre Tochter hingegen hält das Buch mit dem orthodoxen Marienhymnus in der Hand – Spiegelbild eines religiös-sozialen Wandels in der Zeit, als sich die Venezianer auf Zypern der orthodoxen Kirche zuwandten.

i Praktische Hinweise

Hotels

******The Mill**, am Ostrand von Kakopetria, Tel. 22 92 25 36, Fax 22 81 39 70, www.cymillhotel.com. Das Hotel überrascht mit seiner originellen rustikalen Burgarchitektur. Die Zimmer sind komfortabel eingerichtet, das Restaurant mit privilegierter Aussichtsterrasse ist ebenfalls empfehlenswert.

*****Linos Inn**, 34 Kalea Kakopetria St., Kakopetria, Tel. 22 92 31 61, Fax 22 92 31 81, www.linos-inn.com. Das aus mehreren traditionellen Steinhäusern bestehende Hotel mit hübsch eingerichteten Zimmern besticht durch seine persönliche Atmosphäre. Die hauseigene Taverne bereitet zypriotische Küche.

Eine der Attraktionen von Galatas Panagia Poditou ist neben den Fresken auch die goldglänzende Ikonostase

Makris Sunotel, A. Mamamantos 48, am südlichen Ortsrand von Kakopetria, Tel. 22 92 24 19, Fax 22 92 33 67. Swimmingpool und Tennisplatz, Aussichtsterrasse, teilweise Zimmer mit Balkon.

23 Marathasa-Tal

Landschaftlich schönes Tal und ursprüngliche Bergdörfer.

Vom Ort Troodos führt die Straße in Richtung Nordwesten zuerst nach **Prodromos**, Zyperns höchstgelegener Siedlung, dann hinunter ins Marathasa-Tal nach **Pedoulas**. Inmitten von *Kirschgärten* zieht sich das bei Touristen sehr beliebte Dorf malerisch einen Hang hinauf.

Kunsthistorische Attraktion ist hier links unterhalb der großen modernen Pfarrkirche die unter dem Schutz der UNESCO stehende **Erzengel-Michael-Kirche** (Schlüssel im Nachbarhaus) mit ihrem mächtigen Satteldach. Die 1474, also in der Zeit der späten Lusignan-Herrschaft fertig gestellten Fresken im *Inneren* gehören zu den besterhaltenen Zyperns. Sie haben sich von den streng formalen byzantinischen Vorbildern gelöst und zeichnen sich durch Realitätsnähe und bäuerliche Naivität aus. So sieht man in der alttestamentarischen Szene der ›Opferung Isaaks‹, wie Abraham das Messer erhoben und seinen Sohn an den Haaren gepackt hat. Genauer betrachten sollte man auch das Bild der Stifterfamilie über der Nordtür: Die Frauengewänder weisen Stickereien auf, wie man sie heute noch auf Zypern sehen kann.

Das nächste Dorf talabwärts, **Moutoulla**, ist in ganz Zypern für sein gutes Mineralwasser bekannt. Darüber hinaus kann man dort an der Hauptstraße geschnitzte Löffel, Näpfe und Backmulden sowie die hausgemachten schnurförmigen Süßigkeiten aus geliertem Traubensaft *(Tschutschuko)* kaufen. Von der Durchgangsstraße zweigt ein Sträßlein zu der auf einem Felsvorsprung neben dem Friedhof thronenden **Panagia tou Moutoulla** (erbaut 1280) ab. Sie gilt als die älteste vollständig erhaltene Scheunendachkirche Zyperns. Auch die Fresken stammen großenteils aus dieser Zeit. Unter den Darstellungen sind besonders bemerkenswert ›Geburt Christi‹ und ›Darbietung im Tempel‹ aufgrund ihrer ausgewogenen Komposition und der lebensnahen, teilnahmsvollen Mimik der Figuren.

Nur 2 km nördlich liegt **Kalopanagiotis**. Folgt man der Straße rechts hinunter, gelangt man zum romantisch unter Bäumen dahinplätschernden Fluss Setrachos. Eine Brücke führt zur alten Klosteranlage **Agios Ioannis Lampadhistis**, die ebenfalls auf der Liste des Weltkulturerbes der UNESCO steht. Natursteinmauern, ergraute Schindeln auf dem großen Satteldach, eine hölzerne Außentreppe zum verlassenen Mönchstrakt – all das mutet sehr bäuerlich an. Drei Gotteshäuser ducken sich hier unter ein Dach. Die **Kreuzkuppelkirche des hl. Herakleidios** stammt aus dem 12. Jh., während ihre ältesten Wandmalereien in die 1. Hälfte des 13. Jh. zu datieren sind. Sehr gut erhalten ist im Westarm der ›Einzug nach Jerusalem‹ in streng-linearem

Süßes am Schnürchen – ›Tschutschuko‹ aus karamellisiertem und geliertem Traubensaft ist eine kulinarische Spezialität des Ortes Moutoulla

Wer zählt die Heiligen, kennt ihre Namen – äußerst detailreich ist die großartige Wurzel-Jesse-Darstellung in der Klosterkirche des hl. Ioannis Lampadistis im Marathasa-Tal

Stil mit unbewegten starren Gesichtern. Dennoch wirkt das Gründonnerstag-Ereignis aufgrund der kräftigen Farbgebung – u. a. der Turbane und der bordürengeschmückten Gewänder der Zuschauer – sehr ausdrucksstark.

Tonnengewölbt ist die **Kirche des hl. Ioannis Lampadistis**, eines heilkundigen Mannes aus dem Marathasa-Tal, der Anfang des 12. Jh. starb. Die Malereien in der Vorhalle stammen aus dem 15. Jh. und geben einen Anhaltspunkt für die Datierung des Kirchenbaus. Das Bildprogramm thematisiert Wunderheilungen – das Kloster wurde wegen seiner Heilquelle von Kranken aufgesucht.

Das dritte Gotteshaus, die **Lateinische Kapelle**, hat im Vergleich zu allen anderen Kirchen der Region etwas Außergewöhnliches zu bieten: Ihre Fresken (15./16. Jh.) verraten stilistisch den Einfluss italienischer Malerei, Darstellungsinhalte und Inschriften hingegen sind byzantinisch.

Die Bilder illustrieren den Akathistos-Hymnus, einen Marienhymnus der ortho-

›Gastmahl des Abraham‹ (um 1500) in der Lateinischen Kapelle von Kalopanagiotis

doxen Kirche, die Heiligenfiguren aber tragen ›westliche‹ Gewänder und bewegen sich in eleganten italienischen Räumen.

Praktische Hinweise

Hotel

**Health Habitat, Pedoulas, in der ›Forest Area‹, Tel. 22 95 22 83, Fax 22 31 40 17, www.healthhabitat.com. Das Hotel bietet neben Restaurant und Bar auch eine Sauna und einen Jakuzzi. Kinderbetreuung.

Restaurant

Platanos (Louis), Pedoulas, unterhalb der großen Kirche, Tel. 22 95 25 18. Modern eingerichtetes Lokal mit Terrasse. Serviert werden zyprische Spezialitäten wie *Meze* und andere kleine Gerichte.

24 Kykkos-Kloster

TOP TIPP *Waldeinsamkeit, Makariosgrab und großartiges Sakralmuseum.*

Nordwestlich von Pedoulas thront mitten im Wald auf einem Hügelkamm Kloster Kykkos, das bei den Zyprioten vor allem auch als Taufort sehr beliebt ist. Doch vor allem kommen alljährlich Tausende von Besuchern hierher, um das hinter Glas verwahrte Gnadenbild der ›**Panagia tou Kykkou**‹ inbrünstig zu küssen: Die Marienikone gilt als wundertätig und Regen spendend, soll kinderlosen Frauen zu Nachwuchs verhelfen und Schiffer aus Seenot retten. Es heißt, dass niemand Geringerer als der hl. Lukas das kostbare Bildwerk gemalt habe. Der byzantinische Kaiser Alexios Komnenos (reg. 1081–1118) schenkte es später einem zypriotischen Eremiten und finanzierte Ende des 11. Jh. die Klostergründung am 1140 m hohen Throni-Gipfel mit. Kykkos wurde in der Folgezeit reich beschenkt und besitzt noch heute ausgedehnte Ländereien. In den 50er-Jahren des 20. Jh. wurde mit Geldern aus dem Klostervermögen der Freiheitskampf der **EOKA** gegen die britische Kolonialmacht unterstützt.

Zwar haben immer wieder Brände die historische Bausubstanz zerstört, doch brauchte beim Wiederaufbau des Klosters im 19. und 20. Jh. nicht gespart zu werden. Das bezeugen überdeutlich die großzügig mit Naturstein und hochpoliertem Marmor ausgestatteten Arkadengänge und Höfe sowie das aufwendig mit Fresken und Mosaiken geschmückte *Innere*. Das mit 3 x 8 m größte Mosaik im Konferenzraum setzt sich aus rund 180 000 Steinchen zusammen und zeigt u. a. die Ankunft der Marienikone auf Zypern. Erst vom zweiten Hof aus betritt man die **Panagia-Kirche**, deren Ikono-

Es ist hier alles Gold, was glänzt – die Ikonostase der Kirche von Kykkos zählt zu den kostbarsten ihrer Art in der gesamten griechisch-orthodoxen Welt …

stase zu den prächtigsten der gesamten griechisch-orthodoxen Welt zählt.

Sakrale Kostbarkeiten in Hülle und Fülle kann man im opulent gestalteten **Museum** (tgl. 10–17 Uhr, www.kykkos-museum.cy.net) des Klosters bewundern: wertvollste Reliquiare, goldgeschmückte Urkunden und silbergeprägte Bucheinbände, wunderschöne geschnitzte Miniaturen und Ikonen des 13.–19. Jh., darunter Variationen der ›Panagia tou Kykkou‹.

Unmittelbar vor der Zufahrt zum Kloster, auf einem kleinen Hügel, steht die **Gedächtniskapelle** für Erzbischof Makarios III., der Novize in Kykkos war. Scharen von Besuchern pilgern auch zum nahen Throni, der von einer Ehrengarde bewachten *Felshöhle*, die den Sarkophag des 1977 verstorbenen zypriotischen Volkshelden birgt. Die Grabinschrift bekundet die Verbundenheit Makarios' III. mit dem griechischen Volk.

Rund 200 m weiter bietet sich vom **Gipfelpavillon** ein großartiger Blick über dichte Wälder bis zum Meer, bei klarem Wetter auch bis zur türkischen Südküste.

… kein Wunder, denn das Kloster ist dank riesiger Ländereien ungeheuer wohlhabend

Der Eiserne Erzbischof

Fragt man Griechisch sprechende Zyprioten, welches die wichtigste Persönlichkeit des 20. Jh. gewesen sei, so bekommt man immer wieder zur Antwort: **Erzbischof Makarios III.** Der Bauernsohn aus dem Bergdorf Pano Panagia, geboren am 13. August 1913 als Michalis Christodoulou Mouskos, wurde nach dem Tod seiner Mutter Novize im Kykkos-Kloster im Troodos-Gebirge, ging als 16-Jähriger als Stipendiat an das Gymnasium in Nikosia, studierte in Athen Theologie und Jura, wurde 1946 zum Priester geweiht, studierte noch zwei Jahre in Boston und wurde schon 1948 Bischof von Kition, 1950 Erzbischof Zyperns. Politisch äußerst engagiert, warb er ohne Erfolg bei den Großmächten und der UNO für die **Enosis**, den Anschluss Zyperns an Griechenland, unterstützte seit 1955 für dasselbe Ziel aber auch den terroristischen Untergrundkampf General Georgios Grivas' und der **EOKA**, der ›Nationalen Organisation griechischer Kämpfer‹. Aufgrund dieser Aktivitäten von der britischen Kolonialmacht 1956/57 auf die Seychellen **verbannt**, stimmte Makarios 1960 der Umwandlung der britischen Kronkolonie in einen selbstständigen Staat Zypern zu und wurde der **erste Staatspräsident**. Er war Identifikationsgestalt des griechisch geprägten Zyperntums, stellte sich allerdings bald mit Korrekturen an der Verfassung immer entschiedener gegen die Türkisch sprechende Minderheit der Zyprioten. Mit seiner Abkehr von der Enosis-Idee machte er sich die EOKA zu Gegnern und mit seiner blockfreien, der Sowjetunion zugeneigten Politik auch die USA und die NATO. Dem von Griechenland lancierten **Militärputsch** im Juli 1974 gegen Makarios konnte dieser nach England entfliehen. Wenig später besetzten türkische Truppen den Nordosten der Insel, um den drohenden Anschluss Zyperns an Griechenland zu verhindern. Vier Monate später kehrte Makarios in sein Amt als Staatspräsident zurück. Bis zu seinem Tod am 3. August 1977 bemühte er sich, die Teilung der Insel wieder aufzuheben, blieb aber erfolglos.

i Praktische Hinweise

Verkehrsmittel

Verbindung mit Pano Platres nur mit ›Rural Taxi‹. Auskünfte im Tourismusbüro von Pano Platres [s. S. 56].

Souvenirs

Im Klosterladen gibt es zyprische Weine, einen ›Klosteraperitif‹, Kirsch- und Kiwi-Likör. Souvenirläden und ein Panorama-Selbstbedienungsrestaurant schließen sich an.

25 Omodos

TOP TIPP *Wein und Volkskunst in lieblicher Landschaft.*

Auf die südlichen Abhänge unterhalb der bewaldeten Region des Troodos-Gebirges scheint fast das ganze Jahr über die Sonne – ideale Bedingungen für den Anbau von Wein. Omodos, etwa 8 km südwestlich von Pano Platres gelegen, kann sich rühmen, *das* Weindorf Zyperns zu sein. Es empfängt den Besucher mit einer sehr hübschen gepflasterten **Platia**, rebenberankten weißen Häusern und zahlreichen Souvenirläden. Einige Stufen führen von hier aus hinab zur Klosterkirche **Timiou Stavrou** (Heiligkreuz), die vermutlich auf eine sehr frühe Gründung des 4. Jh. zurückgeht. Hoch verehrt sind die nach Überlieferung in diesem Gotteshaus verwahrten Splitter vom Kreuz Jesu und eine Schädelreliquie des Apostels Philippus. Den hellen *Innenraum* beherrscht eine reich vergoldete geschnitzte Ikonostase (vermutlich 18. Jh.) mit gold-

Ein Ort des Friedens ist der Kreuzgang der Klosterkirche Timiou Stavrou in Omodos

umstrahltem gemalten Kruzifix. Prächtig ist auch die Kassettendecke aus Zedernholz im ehem. Kapitelsaal. Mittlerweile beherbergt das Kloster mehrere Museen, so das *Museum Byzantinischer Kunst*, das *Museum für Volkskunst* und eine *Ausstellung über den zypriotischen Freiheitskampf* gegen die Briten (je nach Saison ca. 9–17 Uhr).

In der Gasse gegenüber dem Nordausgang der Klosterkirche kann man das **Sokrates-Haus** und **Nikos-Haus** (je nach Saison ca. 9–17 Uhr), zwei alte Weinbauernhäuser, besichtigen, die mit liebevollen Stickereien, gusseisernen Pfannen, Petroleumlampen und alten Bildern ausgestattet sind. Hier werden auch Honig, Rosinen und der selbst gebrannte Tresterschnaps Zivania verkauft.

Blickt man durch den Torbogen des **Linos-Hauses** gegenüber, so sieht man traditionelle Weinbaugeräte und eine mächtige hölzerne Weinpresse, die noch bis vor wenigen Jahren in Gebrauch war.

Ebenfalls in dieser Gasse, etwas näher am Kloster, bietet in einem kleinen Laden ›Dempsi‹, ein künstlerisch ambitionierter **Glasbläser**, seine qualitätvollen, farbintensiven Werke zum Verkauf an. Der Künstler besitzt rund 20 km südöstlich (an der E 601 nach Lemesos) in Souni seine Werkstatt und eine gemütliche Taverne.

Weinbau und Feldwirtschaft, von grasbewachsenen Höhen unterbrochen, prägen das idyllische Landschaftsbild im Tal des (sommers ausgetrockneten) Flusses Diarizos in Richtung Paphos – eine der schönsten Routen Zyperns.

Gute Tropfen kommen aus der sonnenverwöhnten Weinregion um das Städtchen Omodos

i Praktische Hinweise

Einkaufen

Kellerei Olympus, am Dorfrand, ausgeschildert. Verkostung und Verkauf von Weinen der Region (Mo–Fr 10–16 Uhr).

Restaurant

Omodos Tavern, an der Ausfahrt nach Pano Platres, Tel. 25 42 14 93. Beliebtes Grill- und Café-Restaurant mit schönem Blick auf die Weinlandschaft unterhalb der großen Terrasse.

Ein pikanter Leckerbissen für den ›kleinen Hunger zwischendurch‹ ist der frischluftgetrocknete Bauernkäse aus dem Diarizos-Tal

Paphos und der Südwesten – im Land der Aphrodite

Im Südwesten Zyperns, in dieser Region der pittoresken Felsküsten und schönen Buchten, so erzählt die griechische Mythologie, soll **Aphrodite**, die Göttin der Schönheit und der Liebe, den schäumenden Wogen des Meeres entstiegen sein. Und wohin auch immer sie ihre Schritte auf der Insel lenkte, allenthalben sprossen junges Gras und Blüten unter ihren zarten Füßen. Von **Petra tou Romiou**, wie der göttliche Ort heute heißt, über **Palaia Paphos**, wo die Göttin in ihrem Heiligtum verehrt wurde, bis nach Norden zur Halbinsel **Akamas** säumen viele teils feinsandige **Strände** die fruchtbare Landschaft. Zu den berühmtesten Kunstschätzen Zyperns zählen die zauberhaften römischen *Mosaiken* von **Paphos**. Und bei **Polís** befindet sich ein Luxushotel, das über Zypern hinaus neue Maßstäbe setzte: ›Anassa‹, ›Königin‹, ist sein Name.

26 Petra tou Romiou und Pissouri

Wo Aphrodite dem Meer entstieg.

Die breit ausgebaute Küstenstraße Lemesos – Paphos (parallel zur Autobahn) mit ihren großartigen Ausblicken auf die Steilküsten senkt sich in langer Talfahrt zum Meer hinab. Dann rücken haushohe Felsbrocken am Strand und im Wasser ins Blickfeld, kündigen Schilder **Petra tou Romiou** und den **Aphrodite-Felsen** an. An diesen malerischen Fleck knüpft sich sowohl der Mythos von der schaumgeborenen Aphrodite [s. S. 72] als auch die viel jüngere Sage von einem byzantinischen Heros namens *Digenis*. Dieser soll hier arabischen Piratenschiffen Felsbrocken entgegengeschleudert haben. ›Petra tou Romiou‹ heißt *Fels des Romäers* (des Oströmers oder Byzantiners).

Am *Kiesstrand* spazieren gehen, baden oder sich sonnen, den steilen Uferfelsen ersteigen – an diesem Platz kann man stundenlang verweilen.

Für einen längeren Aufenthalt hingegen bietet sich das nahe gelegene **Pissouri** an. Vor allem der Ausblick vom Oberdorf am Berg auf die mit Wein bepflanzten Hänge und das Meer ist ein Traum. Am angenehm ruhigen und pittoresk von Felsen gerahmten Sand-Kies-Strand sind in den letzten Jahren mehrere Bungalows und Hotels entstanden.

◁ Zu den schönsten kunsthistorischen Highlights auf Zypern zählen die Mosaiken von Paphos – hier eine Szene aus dem Triumphzug des Dionysos (um 350 n. Chr.)

i Praktische Hinweise

Hotels

****__Columbia Beachhotel__, Pissouri, direkt am Strand, Tel. 25 83 33 33, Fax 25 22 15 05, www.columbia-hotels.com. Das 129-Zimmer-Hotel verwöhnt seine Gäste mit einer schönen Gartenanlage, Flutlicht-Tennisplatz, Süßwasser-Pool und sehr guter Küche. Hotelbus-Service nach Lemesos und Paphos.

*__Bunch of Grapes Inn__, Pissouri, Ioannou Erotokritou Odos 9, 4 km vom Strand, Tel. 25 22 12 75, Fax 25 22 25 10. Das einfache, freundliche Hotel in einem etwa 110 Jahre alten Haus mit schön bepflanztem Hof bietet auch Restaurant und Bar .

27 Palaia Paphos

Das berühmte Zentrum des Aphrodite-Kults auf Zypern.

Die schöne Lage des einstigen Aphrodite-Heiligtums ein Stück landeinwärts über dem blauen Meer hilft die Fantasie zu beflügeln. Auch wenn keine Säule von **Palaia Paphos** (Alt-Paphos) mehr an ihrem Platz steht, ahnt man, warum damals gerade hier, in dieser arkadischen Landschaft unterhalb des Dorfes Kouklia, alljährlich im Frühjahr die *Aphrodite-Feste* abgehalten wurden.

In hellenistischer Zeit schmückten sich die Pilger nach ihrer Ankunft im Hafen von *Nea Paphos*, dem heutigen Paphos, mit Blumen, salbten sich und zogen mit Musikbegleitung den langen Weg nach Alt-Paphos. Die Teilnehmer dieser Mysterienfeiern spendeten Parfüm, Honig oder Honiggebäck sowie Münzen und erhielten – in Erinnerung an Aphrodites Geburt aus dem Meer – Salz und als Fruchtbarkeitssymbol ein Gebäckstück in Phallusform.

Die wuchtigen Kalksteinquader der bronzezeitlichen Mauern allerdings stam-

Wassergeburt vor Zypern: Liebliche Göttin erblickt das Licht der Welt

Griechische Mythen scheinen oft ungeheuer grausam und spiegeln unbeschönigt die Abgründe und Turbulenzen des menschlichen Daseins in Gestalt der olympischen Götter und Heroen. Und so liest sich auch der Geburtsmythos der schaumgeborenen Liebesgöttin **Aphrodite**, Teil einer urzeitlichen Schöpfungsgeschichte, wie eine atemberaubend grausige Familientragödie.

Schuld war, so scheint es, der Himmelsgott und Unhold-Vater **Uranos**, der mit **Gaia**, der Erde, allnächtlich Kinder zeugte. Doch weil er seine Nachkommen hasste, verbarg er sie in einer dunklen Höhle und ließ sie nie ans Licht. Gaia zürnte dem Gatten, verschaffte sich eine riesige Sichel und wandte sich an ihre Söhne, den Vater zu bestrafen. **Kronos** war es dann, der die Tat ausführte: Er entmannte Uranos, als dieser sich gerade wieder einmal mit Gaia vereinen wollte, und warf die abgeschnittene Männlichkeit ins Meer, wo sie lange hin und her getrieben wurde. Weißer Schaum, **Aphros**, bildete sich um sie aus der unsterblichen Haut. Ein Mädchen entsprang und wuchs groß darin (Karl Kerenyi).

Und wie so oft – das Schreckliche war des Schönen Anfang: Auf **Zypern**, wo die nackte Aphrodite dem Meer entstieg, wurde sie dann von den Horen bekleidet und bekränzt und geschmückt (…) bei den Göttern eingeführt. Alle küssten sie und wünschten sie zur Frau in ständiger Ehe.

Der Glückliche aber sollte erstaunlicherweise Hephaistos sein, Gott der Schmiede und der Hässlichste im Olymp. Kein Wunder, dass die schöne Aphrodite diesem Mann, der seine Werkstatt in einem Vulkan selten verließ, bald den schmucken Kriegsgott Ares als ihren Liebhaber vorzog …

Wo die Göttin der Schönheit und der Liebe dem Meer entstieg – legendärer Aphrodite-Felsen bei Petra tou Romiou

Die Megalithmauer von Palaia Paphos gehörte zu einem Heiligtum des 12. Jh. v. Chr.

men aus vorgriechischer Zeit, etwa aus der 2. Hälfte des 2. Jahrtausends v. Chr. Vermutlich war hier bereits der Kult der orientalischen Göttinnen *Ischtar* und *Astarte* heimisch, die in griechischer Zeit für die Gläubigen mit der göttlichen Gestalt Aphrodites verschmolzen. Dem Strom der Pilger und Besucher wurde erst im 4. Jh. n. Chr. mit dem Aufstieg des Christentums zur Staatsreligion ein Ende gesetzt.

Im 13. Jh. ließen die Lusignan-Herrscher nahe den Ruinen das *Château de Covocle* mit hoher gotischer Halle erbauen und richteten ein Zentrum der Zuckerproduktion ein.

Das interessanteste Exponat des kleinen **Museums** in der Burg (tgl. 8–16, Do bis 17 Uhr) ist ein kegelförmiger dunkelgrüner Stein, bei dem es sich möglicherweise um ein frühzeitliches *Kultidol* handelt. Andere interessante Ausstellungsstücke sind eine tönerne Badewanne aus der Bronzezeit und kleine Votivfiguren für Aphrodite, von denen Tausende gefunden wurden.

Im benachbarten **Ausgrabungsgelände** stößt man zuerst auf die urtümliche **Megalithmauer** aus bis zu 5 m langen Steinblöcken; sie gehörte zum bronzezeitlichen **Hofheiligtum** des 12. Jh. v. Chr., in dem vermutlich der kegelförmige Kultstein verehrt wurde.

Vom benachbarten griechisch-römischen **Heiligtum der Aphrodite** sind vor allem Säulenbasen der Stoa (Wandelhalle) und ein fein gearbeitetes geometrisches Bodenmosaik erhalten. Etwas abseits (ausgeschildert) ist unter einem Pavillondach das berühmte **Mosaik** ›Leda mit dem Schwan‹, das hier gefunden wurde, als Kopie zu bewundern. Das Original befindet sich heute im Zypern-Museum von Lefkosia [s. S. 25 f.].

Ein immer noch anschauliches Beispiel für die extrem aufwendigen Belagerungs- und Verteidigungstechniken zur Zeit der Perserkriege bietet die **Stadtmauer** von Palaia Paphos am Marcello-Hügel, knapp 1 km hinter dem Dorf Kouklia in Richtung Archimandrita. Dort schichteten die angreifenden Perser im Winter 498/497 v. Chr. eine mächtige Rampe auf, um die Verteidiger auf den Mauern wirksamer mit Pfeilen, Katapulten und Speeren zu bekämpfen. In Todesnot ist man auch zu schwerster Arbeit fähig: Die Zyprioten trieben fünf Tunnel unter ihrer Stadtmauer durch. Die Verteidiger versuchten vermutlich, unter der Rampe Feuer zu legen, um die aufgefahrenen Belagerungstürme einbrechen zu lassen, doch die Perser nahmen Alt-Paphos trotzdem ein.

28 Geroskipou

Wo einst die Seidenraupenzüchter zu Hause waren.

Etwa dort, wo vor 2000 Jahren ein heiliger Hain die Pilger auf dem Wege zum Aphrodite-Heiligtum von Palaia Paphos [Nr. 27] empfing, liegt Geroskipou: südöstlich der heutigen Stadt Paphos, mit der dieses einstige Dorf immer mehr zusammenwächst.

Sehenswert ist hier vor allem die Kirche **Agia Paraskevi** (Apr.–Okt. Mo–Sa 8–13 und 14–17, Nov.–März Mo–Sa 8–13, 14–16 Uhr). Schon mehr als 1000 Jahre alt, bildet sie einen interessanten Kontrast zur modernisierten **Platia** in der Ortsmitte. Ihre seltene byzantinische Fünfkuppelarchitektur birgt *Fresken*, die teils aus dem 9. Jh., aus dem Hochmittelalter und aus dem 15. Jh. stammen. Sehr selten für Zypern jedenfalls sind die Reste geometrischer und floraler Fresken aus der Zeit des großen byzantinischen Bilderstreits (726–843). Sie wurden nach Ende dieses *Ikonoklasmus*, als die Darstellung von Kultbildern wieder erlaubt war, z. B. in der Kuppel über dem Altar, erneut übermalt.

Lohnend, auch für Kinder, ist ein Besuch des **Volkskundemuseums** (Apr.–Okt. 9–17, Nov.–März 8–16 Uhr) nahe der Kirche, das sich mit dem ländlichen Leben und Handwerk beschäftigt. Einen guten Einblick erhält man hier auch in die *Seidenraupenzucht* und die Seidenverarbeitung, die ein halbes Jahrtausend, bis zum Zweiten Weltkrieg, den Haupterwerb des Dorfes darstellten.

29 Paphos/Gazibaf

Stadt der weltberühmten Mosaiken und ein attraktiver junger Badeort.

Paphos (50 000 Einw.), die Nummer eins der Urlaubsorte an Zyperns Westküste,

Pittoreskes Ambiente – der alte Fischerhafen von Paphos bietet gemütliche Straßenlokale sowie Ausblicke auf bunte Boote und das Fort

kann dem Besucher im Frühjahr und Herbst noch das Gefühl von Ruhe vermitteln. Erst in der Hochsaison wird es turbulent unten im rasch gewachsenen Hotelviertel von Kato Paphos und in der Oberstadt Ktima. In Kato Paphos ist der **Strand** zwar fast überall nur schmal, aber in der Umgebung gibt es gute Alternativen: Eine Kette neuer Hotels und Feriensiedlungen erstreckt sich zum südöstlichen Nachbarort Geroskipou hin, wo die Strände deutlich attraktiver sind. Auch in Richtung Norden zur **Coral Bay** [s. S. 81] hin, dem besten Badeplatz an der Westküste, sind inzwischen Hotels entstanden. Paphos' größter Schatz allerdings sind die **römischen Mosaiken**, die ein Bauer namens Hasip entdeckt haben soll, als er im Jahre 1962 seinen neuen Pflug ausprobieren wollte.

Geschichte Mit einem rechtwinkligen Straßennetz im Schutz einer hohen Mauer wurde die Stadt gegen Ende des 4. Jh. v. Chr. planmäßig angelegt. Vermutlich zogen damals Einwohner des viel älteren Ortes Palaia Paphos [Nr. 27] an den schon zuvor besiedelten günstigen *Hafenplatz*. Die im ägyptischen Alexandria residierenden griechisch-makedonischen Ptolemäerkönige übernahmen dann die Herrschaft und machten *Nea Paphos* später zur **Hauptstadt** Zyperns. Und das blieb sie auch ab 58 v. Chr. unter römischer Herrschaft. Im 2./3. Jh. n. Chr. entstanden dann um den Sitz des römischen Prokonsuls die mit herrlichen Mosaiken ausgestatteten Villen.

Der Wohlstand blühte, bis schwere **Erdbeben** im 4. Jh. auch Paphos zerstörten und Salamis [Nr. 38] im Osten der Insel unter dem Namen Constantia Zyperns Kapitale wurde. Paphos' Bischöfe ließen zwar prächtige *Kirchen* und die fränkischen Lusignan-Könige noch die mächtige *›Burg der 40 Säulen‹* bauen, aber die Küste versumpfte. Die Einwohner zogen in osmanischer Zeit auf die höhere Geländestufe und errichteten dort die Oberstadt **Ktima**.

In der Unterstadt

Als Startpunkt für eine Stadterkundung eignet sich bestens der schmuck hergerichtete **Fischerhafen** (1) mit seiner bunten Reihe von Restaurants und den zahlreichen Parkplätzen. Auf der Mole, an deren Ende noch Reste der antiken und fränkischen Hafenanlagen erkennbar sind, ließen die Osmanen 1592 ein **Fort** (2) (Apr., Mai, Sept., Okt. 8–18, Juni–Aug. 8–19.30, Nov.–März 8–17 Uhr) errichten, dessen quadratischer Turm noch aus der Lusignan-Zeit stammt. Von seinem Dach hat man einen wunderbaren Blick auf die Unter- und Oberstadt.

Nördlich der Parkplätze erstreckt sich das Ruinengelände der antiken Stadt, in dem seit den 1960er-Jahren ausgedehnte Grabungen stattfinden. Der Eingang zum **Archäologischen Park** (Apr., Mai, Sept., Okt. 8–18, Juni–

TOP TIPP

Aug. 8–19.30, Nov.–März 8–17 Uhr) befindet sich am Anfang der Hafenpromenade. Vier der römischen Villen, die jeweils nach ihren spektakulären **Mosaiken** benannt sind, können besichtigt werden:

Haus des Dionysos 3

Schon beim Betreten des Schutzpavillons über den (zugänglichen) Mosaiken im Haus des Dionysos ist man von den großzügigen Raumdimensionen dieses herrschaftlichen Landsitzes beeindruckt. Die ursprüngliche Gesamtfläche des *Atriumhauses* betrug etwa 2000 m^2, eine Fläche von 556 m^2 war mit Mosaikböden geschmückt.

Das erste Mosaik beschäftigt sich mit dem schönen Jüngling **Narziss**. Selbstverliebt wies er die Zuneigung der Nymphe Echo ab. Diese verzehrte sich in Liebesqual, bis sie starb. Die Götter haben Narziss dafür bestraft: Sie sorgten dafür, dass er sich in sein Spiegelbild verliebte – und dadurch ebenfalls an unerfüllbarer Liebe litt.

Das aus unbearbeiteten dunklen und hellen Kieselsteinen zusammengesetzte Mosaik des 4./3. Jh. v. Chr. links vom Eingang stellt das Meeresungeheuer **Skylla** dar. Aus einem hellenistischen Vorgängerbau stammend, wurde es erst 1977 rund 1 m unter dem Fußbodenniveau entdeckt und dann an die gegenwärtige Stelle versetzt. Von Skylla, einem der beiden Ungeheuer, das – so die spätere Deutung – die Meerenge von Messina bewacht, erzählt Homer in der *Odyssee*, sie habe sechs Köpfe, zwölf Füße und die Stimme eines jungen Hundes gehabt.

Im anschließenden, größten Raum des Hauses, dem *Tablinium*, das als Empfangs- und Speisesaal genutzt wurde, sind ein **Triumphzug des Dionysos** und Szenen der *Weinlese* dargestellt. Dionysos, der efeubekränzte Gott des Weines, erscheint auf dem von zwei indischen Panthern gezogenen Streitwagen und trägt als sein Attribut den Thyrsosstab. In seinem Gefolge schleppt ein Satyr einen Weinkrug und einen Weinschlauch und der bocksfüßige Pan tanzt dazu.

Die traurige Liebesgeschichte von **Pyramos und Thisbe** wird in den Mosaiken des östlich anschließenden *Atriums* lebendig. Da die Eltern der beiden verfeindet waren, mussten sich die Liebenden in der Wildnis verabreden. Die unglückliche Thisbe begegnete dort einem Panther, floh, verletzte sich und hinterließ ein blutiges Tuch. Dieses und die Raubtierspuren fand Pyramos, der sich verspätet hatte. Im Glauben, die Geliebte sei tot, erstach er sich voller Verzweiflung. Thisbe entdeckte den Verbluteten und wählte gleichfalls den Freitod.

Glücklicher verläuft die Begegnung zwischen **Poseidon und Amymone**. Auf den Mosaiken sieht man die junge Tochter des Danaos, die der mit dem Dreizack bewaffnete Poseidon gerade vor der Vergewaltigung durch einen Satyr gerettet hat. Amor schwebt als Helfer bei der Vereinigung der beiden im Hintergrund. Neun Monate später wird der Sohn Nauplios geboren.

Vom ersten Winzer erzählt das nächste Bild: **Ikarios** hieß der *königliche Gärtner*, der Dionysos in Athen gastlich aufgenommen hatte und von diesem zum Dank in die Kunst des Weinbaus und Kelterns eingewiesen wurde. Man sieht Ikarios mit einem Ochsenkarren voller Weinschläuche und mit zwei Schafhirten, die er zu einem Umtrunk eingeladen hat. Eine Inschrift bezeichnet sie als die ›ersten Weintrinker‹. Während der eine noch trinkt, ist der andere schon berauscht zu Boden gesunken. Das böse Ende wird verschwiegen: Die beiden glauben sich vergiftet und töten Ikarios. Als glückliche Weingenießer sind **Dionysos** und die Nymphe **Akme** der Ikarios-Szene gegenübergestellt.

Verweigerte Hingabe ist das Thema der Begegnung **Apollons** mit der Nymphe **Daphne**, die bei ihrem Vater, dem Flussgott Peneios, Zuflucht vor der Zudringlichkeit des Sonnengottes sucht. Ihr Hilferuf bewirkt Verwandlung, ihre Füße schlagen Wurzeln, die Nymphe wird zum Lorbeerbaum, der dem Verschmähten fortan heilig ist.

Das Paar mit dem Jagdhund und dem Amor mit gesenkter Fackel zeigt **Phädra**, die Gattin des Minotaurusbezwingers Theseus, und ihren Stiefsohn **Hippolytos**, dem sie in Leidenschaft verfallen war. Hippolytos hält Phädras Liebesbotschaft in der Hand. Ausgangssituation eines Dramas, das mit Beschuldigungen, Verfluchung, tödlichem Wagenunfall des Hippolytos und dem Selbstmord Phädras seinem schrecklichen Ende zusteuert.

Etwas abseits sieht man, wie **Zeus** in Gestalt eines Adlers den jungen **Ganymed** verfolgt, einen überaus schönen trojanischen Prinzen. Der in Liebe entbrannte Göttervater wartete auf eine günstige Gelegenheit, Ganymed zu entführen, und fand sie, als seine Tochter He-

Glückliche Genießer – Dionysos und Akme lassen sich Trauben und Wein munden, eine unterhaltsame Mosaikszene aus dem ›Haus des Dionysos‹

be beim Kredenzen des Nektars stürzte. Mit Adlerkraft riss Zeus den jungen Mann an sich, brachte ihn zum Olymp und machte ihn zu seinem Mundschenk.

Haus des Orpheus 4

Schon im Zweiten Weltkrieg waren britische Soldaten auf das prachtvolle Mosaik **Herakles im Kampf mit dem Löwen** gestoßen, das jedoch zugeschüttet wurde und in Vergessenheit geriet. 1978 wurde es zusammen mit einer Amazonen-Darstellung wieder entdeckt. Bald darauf kam auch das große **Orpheus-Mosaik** ans Tageslicht, das einen über 20 m^2 großen Raum des nach ihm benannten Atriumhauses schmückt. Es zeigt den Sänger mit seiner Lyra auf einem Felsen, umgeben von wilden und zahmen Tieren, die seinem Vortrag lauschen.

Ein Bilderbuchmotiv, das man einfach fotografieren muss – Doppelbogen der mittelalterlichen Festungsruine Saranda Kolones in Paphos

Haus des Aion 5

Im Jahre 1983 wurde das Haus des Aion mit seinen fünf großen Mosaikfeldern in der 9 x 8 m großen Empfangshalle entdeckt. Überraschend ist die ganz andersartige, barock-üppige Bildsprache der vielfigurigen Kompositionen. Sie datieren in die zweite Hälfte des 4. Jh., in die *Spätantike*, als das Christentum bereits auf dem Wege zur römischen Staatsreligion war. Um die nur fragmentarisch erhaltene Gestalt des Aion, des Gottes der unendlichen Zeit, gruppiert sich die Fülle der griechischen Götterwelt. **Dionysos** ist als Kleinkind in den Armen des Gottes **Hermes** dargestellt – ein seltenes Motiv, das den Vergleich mit der christlichen Gruppe Maria und Kind nahe legt. Dies ist im Übrigen nicht die einzige mythologische Konstellation, deren Götterfiguren als christliche Präfigurationen gedeutet werden können.

Haus des Theseus 6

Der Weg des athenischen Prinzen Theseus ins kretische Labyrinth des stierköpfigen *Minotauros* und sein Kampf mit dem Ungeheuer sowie das Tauchbad des neugeborenen Achill im Nektar sind die Hauptmotive der wohl erst im 5. Jh. geschaffenen Mosaiken dieser größten der bisher entdeckten Villen. Mit ihren mehr als 100 Räumen hatte sie Palastdimensionen und diente vielleicht als Amtssitz des Prokonsuls.

Einen eleganten Blickfang bilden die klassizistischen Hausfassaden in Ktima, der Oberstadt von Paphos

Neben diesen Villen erinnern nur noch wenige Zeugnisse an das einstige Zentrum der römischen Stadt. Das **Odeon** 7, ein kleines Theater aus dem 2. Jh., wurde mit zwölf Sitzreihen restauriert. Östlich davon breitete sich das **Forum** 8 aus, von dessen Hallen lediglich noch einige Säulenbasen zu erkennen sind.

Rund ein Jahrtausend jünger ist der fotogene Doppelbogen der Festungsruine **Saranda Kolones** 9 ein Stück weiter südöstlich. 1192 von Kreuzrittern anstelle eines älteren Forts errichtet, fiel diese ›Burg der 40 Säulen‹ schon 1222 einem Erdbeben zum Opfer.

Wieder tiefer in die Vergangenheit führt ein Abstecher östlich des hafennahen Ausgrabungsgeländes, des Archäologischen Parks, zu den Grundmauern der frühchristlichen Basilika **Panagia Chrysopolitissa** 10. Dem ursprünglich riesigen siebenschiffigen Gotteshaus benachbart stand einst eine dreischiffige *Franziskanerkirche* des 13. Jh. Gut erhalten ist neben ihren Fundamentresten die noch heute für Gottesdienste genutzte spätbyzantische Kreuzkuppelkirche *Agia Kyriaki*. Unter zwei hohen Bäumen am Rand des Grabungsgeländes sieht man außerdem den Stumpf der *Paulussäule*, an der angeblich der Apostel Paulus ausgepeitscht wurde.

Zur Oberstadt hinauf führt die nach dem Apostel benannte Straße *Apostolou Pavlou*. An ihrer rechten Seite kann man zu der aus dem Felsen geschlagenen Höhlenkirche **Agia Solomoni** 11 und ihrem schlichten Altar hinabsteigen. Den Eingang markiert ein über und über mit weißen und bunten Tüchern behängter Baum, ein sog. *Wunschbaum*, wie man ihn auch des Öfteren in Anatolien, Syrien oder Indien antrifft.

In der Oberstadt

In der betriebsamen Oberstadt **Ktima** mit ihren klassizistischen Hausfassaden, dem Obst- und Gemüsemarkt (Mo–Sa 8–13 Uhr), den Tavernen und bunten Basargassen kann man drei bedeutende Museen besuchen. Nahe der Touristeninformation findet man das **Byzantinische Museum** 12 (Byzantino Mousio Pafou, Andrea Ioannou Odos, Mo–Fr 9–16, Sa 9–13 Uhr) mit zumeist spät- und postbyzantinischen Ikonen und gegenüber in einem schönen großbürgerlichen Haus des 19. Jh. das frühere Ethnographische Museum, das jetzt **Cultural Heritage**

Museum of Cyprus 13 (Mo–Sa 9.30–17, So 10–13 Uhr) heißt. Die Sammlung häuslicher Gebrauchsgegenstände aus dem Besitz des Lehrers G. S. Eliades spannt einen weiten Bogen vom Neolithikum bis in die jüngste Vergangenheit.

Das **Archäologische Museum** 14 (Eparchiko Mousio, Di, Mi, Fr 8–15, Do 8–17, Sa 9–15 Uhr) weiter östlich am Leoforos Georgiou Griva Digeni bietet Exponate von der Steinzeit bis zur Renaissance, z. B. den aus dem Meer geborgenen marmornen *Aphrodite-Torso* und tönerne, den menschlichen Körperteilen nachgeformte Wärmflaschen aus römischer Zeit, die vermutlich zur Rheumabehandlung bestimmt waren. Besonders schön ist auch die Sammlung antiker Gläser.

Der Obst- und Gemüsemarkt von Paphos lässt kaum Wünsche offen

Die Königsgräber am Meer

Von den römischen Villen mit ihren Mosaiken führt ein Fußweg am Meer entlang zu den gut 2 km nördlich gelegenen **Königsgräbern** 15 (Apr., Mai, Sept., Okt. 8–18, Juni–Aug. 8–19.30, Nov.–März 8–17 Uhr) mit Gräbern aus hellenistischer Zeit. In den aufwendig um quadratische Säulenhöfe angelegten Grabkammern wurden Honoratioren, Kaufleute und hohe Verwaltungsbeamte bestattet. Die Ptolemäer-Könige Zyperns hingegen hatten ihre Grabmonumente in Ägypten. Bis zu 8 m hoch sind die unterirdischen Grabkammern, zu denen man hinabsteigt. Besonders die Gräber Nr. 3, Nr. 4 und Nr. 7 zeigen eindrucksvolle Architektur nach Art griechischer Tempel mit dorischen Giebeln.

Praktische Hinweise

Information

Tourist Information CTO, Leoforos Poseidonos 63 A, Kato Paphos, Tel. 26 93 05 21; Infos auch unter www.cypruspafos.com

Zu den Attraktionen von Paphos zählen die Königsgräber aus dem 3. Jh. v. Chr.

Flughafen

Paphos International Airport, CTO-Office, 14 km südöstlich, Tel. 26 42 31 61

Hotels

*****Aliathon Village**, Leoforos Poseidonos, an der Ausfahrt nach Geroskipou, P. O. Box 62303, Tel. 26 96 44 00, Fax 26 96 47 00, www.aliathonvillage.com. Apartments und Studios mit Klimaanlage und Satelliten-TV in zweistöckigen Einzelhäusern. Sportliche Aktivitäten, u. a. Tennis und Bowling. Swimmingpool und großzügige Rasenflächen.

TOP TIPP *******Annabelle**, Leoforos Poseido nos, P. O. Box 60401, Tel. 26 93 83 33, Fax 26 94 55 02, www.theannabellehotel.com. Luxuriöses Strandhotel mit einem der schönsten Hotelgärten der Insel. Hoher Komfort – u. a. Gesundheits- und Fitnesscenter, Thalassotherapie, zwei Pools, Tennis- und Squashanlagen – und sehr persönliche Atmosphäre. Mitglied der ›Preferred Hotels & Resorts Worldwide‹.

Restaurants

Zahllose Restaurants gibt es im Hotelareal der Unterstadt. Qualität, auch auf Gourmet-Niveau, bieten die großen Hotels und mehrere Restaurants, z. B.:

TOP TIPP **Kiniras**, Leoforos Makarios 91, Tel. 26 94 16 04. Schattig-schöner Wirtsgarten und gute Küche, nicht ganz billig. Besonders köstlich ist das *Lamb Marinato à la Kykkos* mit Rotwein, Rosmarin und Oregano. Cocktails können entsprechend dem Sternzeichen gewählt werden. Auch Zimmer.

Perfekter Rahmen für die schönsten Tage des Jahres – das ›Annabelle‹ in Paphos besitzt einen herrlichen Hotelgarten

30 Neophytos-Kloster

TOP TIPP *Prächtig ausgemalte Wohnhöhle eines frommen Einsiedlers und ein altes venezianisches Kloster.*

Der hl. Neophytos hatte Mitte des 12. Jh. das Leben eines Asketen gewählt und wollte für immer auf weltliche Güter verzichten. Nach längerem Klosteraufenthalt zog er sich, gerade 25 Jahre alt, in eine Höhle am Ende eines schmalen Tals knapp 10 km nordwestlich von Paphos zurück und blieb dort bis zu seinem Tod im Alter von 80 Jahren.

Heute kommt man über eine Abzweigung von der B 7 bei Mesogi zu einer großen, viel besuchten **Klosteranlage** aus dem 16. Jh. Eine Einsiedelei kann man sich an diesem Ort kaum vorstellen – bis man über eine steile Treppe an einer Felswand zum Eingang der **Einsiedlerhöhle** hinaufsteigt. Mit Hacke und Meißel soll Neophytos seinen *Wohnraum* erweitert haben. Ein Tisch ist aus dem Fels gehauen, im Hintergrund sieht man eine Steinpritsche, vorne rechts neben der Tür in einer Felsnische einen Sarkophag. Ringsum bedecken erstaunlich gut erhaltene *Fresken* (12. Jh.) die Wände. Neophytos hat die Bilder von *Theodorus Apseudes* malen lassen, einem Künstler, der in der mittelbyzantinischen Hofkunst bewandert war, wie man den eleganten Einzelheiten der Gewänder, dem vornehmen Gesichtsausdruck und der Haltung der Figuren entnehmen kann.

Von der Cella der Einsiedelei betritt man die Bema (Allerheiligstes) der kleinen **Höhlenkirche** und dann den Naos (Raum für die Gläubigen). Ein Teil des reichen Bilderschmucks stammt aus dem 16. Jh., so der unter der niedrigen Höhlendecke dargestellte Pantokrator, den man nur kniend oder liegend betrachten kann. Die großen Bilder der Apostel und die Szene am Ölberg entstanden zur Lebenszeit des Einsiedlers. Neophytos war ein engagierter theologisch-politischer **Publizist**, schrieb an seinem Steintisch heftig Zeitkritisches über den Verkauf Zyperns an die westlichen ›Lateiner‹ (1192). Schon zu seinen Lebzeiten entstand eine klösterliche Ansiedlung neben seiner Höhle, aber erst Anfang des 16. Jh., während der Venezianerherrschaft, wurden das große Kloster und die Kirche vor der Felswand gebaut. Im Kloster wurde ein interessantes **Museum** (im Sommer tgl. 9–13 und 14–18, im Winter tgl. 9–16 Uhr) eingerichtet, in dem man sich edle Devotionalien, wertvolle Ikonen und interessante alte Landkarten Zyperns anschauen kann.

Gleich einem Schwalbennest klebt das Neophytos-Kloster hoch oben im Fels

31 Lemba und Emba

Moderne Kunst und bronzezeitliche Behausungen.

Das hübsche **Lemba**, nur 5 km nördlich von Paphos-Ktima gelegen, ist als *Künstlerdorf* bekannt geworden. Die Dozenten und Studenten des Cyprus College of Art, aber auch ausländische Künstler haben am nördlichen Ende der Hauptstraße ihre Skulpturen ausgestellt, die zum Teil sehr originell sind.

Außerhalb des Dorfkerns liegt das *Prehistoric Village*, die Rekonstruktion einer bronzezeitlichen Siedlung (3500–2500 v. Chr.). Archäologen haben Häuser auf den alten Grundrissen wieder errichtet, um die Haltbarkeit der damaligen Baustoffe – Lehmziegel, Holz und Stroh – zu prüfen. Sie fanden übrigens auch heraus, dass die Bewohner die Toten unter den Fußböden ihrer Häuser zu begraben pflegten.

Seit Jahren fest in Künstlerhand – das attraktive Dorf Lemba

Im beschaulichen **Emba** steht in unmittelbarer Nachbarschaft der fünfschiffigen Basilika aus dem Jahr 1995 die Kirche *Panagia Chrysseleoussa* (der goldgesegneten Jungfrau) aus dem 12. Jh. mit interessanten Wandmalereien (15. Jh.).

32 Coral Bay und Agios Georgios

Herrlicher Strand und frühchristliche Funde an der Pforte zur Halbinsel Akamas.

Nördlich von Paphos erreicht man nach ca. 10 km die **Coral Bay**, eine der beliebtesten Badebuchten in der Umgebung, mit weitem Sandstrand sowie etlichen neuen Hotelbauten und Ferienapartments. Weiter führt die Straße an Bananenplantagen vorbei zum Ort **Agios Georgios**. Hier wurden Teile der bedeutenden spätantiken und frühchristlichen Stadt *Depranum* ausgegraben, die einst eine wichtige Station auf dem Seeweg von Konstantinopel nach Alexandria war. Links oberhalb der modernen Wallfahrtskirche, am Ende der Asphaltstraße, sieht man z. B. die Überreste einer großen frühchristlichen *Basilika*, vermutlich einst Bi-

Wo die Götter Urlaub machen würden – die Coral Bay zählt zu den Traumstränden Zyperns

schofssitz. Von den Bodenmosaiken mit den geometrischen Mustern und den Tierdarstellungen ist leider nicht mehr viel erhalten. In der Apsis sieht man Sitzstufen und, neben einer zweiten Basilika-Ruine, das Taufbecken eines Baptisteriums.

Agios Georgios ist die südliche Pforte zur Halbinsel Akamas; hier endet die Asphaltstraße.

33 Polís und Lakki/ Latsi/Latchi

Zwei freundliche Strandorte nahe Bad und Liebesnest der Aphrodite.

Der einzige größere Ort am Golf von Chrysochou, **Polís**, liegt nur einen Spaziergang weit vom Meer entfernt, sodass Platz genug ist für kleine Hotels und Pensionen in blütenbunten Gärten. Das *Zentrum* des Hügelstädtchens mit seinen netten Tavernen und Läden hinter modernen Naturstein-Fassaden hat sich in den letzten Jahren zu einem beliebten Touristenziel entwickelt.

Die Gegend von Polís ist seit neolithischer Zeit besiedelt, im 5. Jh. v. Chr. kam das Stadtkönigtum Marion hier zu höchster Blüte. Das sehenswerte **Museum Marion-Arsinoe** (Mo–Fr. 8–14, Do außer Juli–Aug. 15–18, Sa 9–17 Uhr) mit Funden aus dieser Zeit wurde in einem klassizistischen Gebäude im modernen Zentrum eingerichtet. Zur Sammlung gehören auch Stücke aus den Nekropolen der Umgebung, der historische Bogen spannt sich vom Neolithikum bis ins Mittelalter.

Der schmale Sand-Kies-Strand des Ortes zieht sich vom Campingplatz kilometerweit vor einem dichten Eukalyptuswald, vor Feldern und Schilfgürtel hin.

Nur etwa 6 km westlich von Polís, unmittelbar an der Küste, liegt das Fischerdorf **Lakki**. Mit seinem malerischen kleinen Hafen, dem Strand und den kleinen Privatunterkünften wird der beschauliche Ort von immer mehr Urlaubern auch für längere Aufenthalte gewählt.

Auf bequemer Straße oberhalb einer wunderschönen, lang gestreckten Sandbucht mit dem 1998 eröffneten Luxushotel ›Anassa‹ [s. S. 83] erreicht man knapp 5 km westlich von Lakki am Rand der Halbinsel Akamas das **Bad der Aphrodite** (Loutra tis Aphroditis), einen idyllisch gelegenen Quellteich in einer baumumstandenen Grotte. Die Sage erzählt, Aphrodite sei hier von *Akamas*, dem Sohn des Königs Theseus, beim Baden überrascht worden, habe sich in ihn verliebt und mit ihm dort einige Zeit im Verborgenen verbracht. Auf Befehl von Zeus musste sie aber bald wieder auf den Olymp zu ihrem Gemahl, dem Feuergott Hephaistos, zurückkehren.

Schotterpisten, die man nur mit dem Jeep befahren kann, führen an der Küste unterhalb des Bads der Aphrodite in das Gebiet der Akamas-Halbinsel.

Von Polís aus in nordöstlicher Richtung kommt man auf einer Asphaltstraße durch grüne Felder an der Küste entlang immer mit Blick aufs Gebirge zu weiteren Kiesstränden. Unterkünfte gibt es fast keine. Hier wie im östlich anschließenden **Tilliria-Gebirge** erlebt man noch ein vom Tourismus unberührtes Zypern. Auf bergiger, gut ausgebauter Straße gelangt man vorbei an verlassenen Dörfern bis zur Umgehung des Hafens **Kokkina/Erenköy**, einer gesperrten türkisch-zyprischen Enklave. Letzter Ort vor der Demarkationslinie ist **Kato Pyrgos**, ein Dorf inmitten von Bananen- und Zitruspflanzungen. In den Bergen von Tilliria arbeiten die letzten Köhler Zyperns und liefern Holzkohle für die Tausende von Grillfeuern, die in den Tavernen und auf den Picknickplätzen brennen. Eine asphaltierte Straße führt von der Küste zum Kloster Kykkos [Nr. 24].

Ein legendärer Ort, der die Fantasie beflügelt – ›Bad der Aphrodite‹ am Rand der Akamas-Halbinsel

Praktische Hinweise

Information

Tourist Information Office, Vasileos Stasioikou 2, Polís, Tel. 26 32 24 68

Hotels

TOP TIPP *******Anassa**, Lakki, Polís, Neo Chorion (Polis – Bath of Aphrodite Road), P. O. Box 66006, Tel. 26 88 80 00, Fax 26 32 29 00, www.thanoshotels.com. 185-Zimmer-Resort mit palastartigem Hauptgebäude und einem von griechischer Dorfarchitektur inspirierten Villenkomplex. Edle Möbel und Kunstwerke, Tennisplätze, ein Gesundheitszentrum und die traumhafte Lage über einem der schönsten Strände der Insel machen die ›Königin‹ (Anassa) zum Spitzenhotel Zyperns.

*****Aphroditi Beach**, Neo Chorion (Polis–Bath of Aphrodite Road), Tel. 26 32 10 01, Fax 26 32 20 15, aphroditebeachhotel@hotmail.com. Familienbetrieb, Zimmer mit Balkon, Restaurant.

*****Natura Beach**, etwa 2 km außerhalb von Polís, Chr.Papanikopoulou Odos, P. O. Box 66162, Tel. 26 32 31 11, Fax 26 32 28 22, www.natura.com.cy. Anlage direkt am Strand, inmitten herrlicher Landschaft, mit 60 Zimmern und sechs Ferienvillen, in warmen Erdtönen

Wer sich zur Blauen Stunde einen Drink gönnen möchte, der findet in der beliebten Bummelmeile von Polís ganz schnell ein geeignetes Plätzchen.

Die sanfthügelige Landschaft bei Polís geizt nicht mit ihren Reizen

eingerichtet. Pool, Restaurant und viel Ruhe. Der Name ist Programm.

Restaurants

Baths of Aphrodite, unterhalb der Grotte, Tel. 26 32 14 57. Fischlokal und Café über der Steilküste.

Porto Latchi, am Hafen, Tel. 26 32 15 29. Originelles Ambiente in einer ehem. Johannisbrot-Lagerhalle. Gute und reichliche Fleisch- und Fischgerichte.

Taverna Souli, Ausfahrt aus Latchi in Richtung Bad der Aphrodite, direkt am Meer, Tel. 26 32 10 88. Sehr gute Fisch- und Fleischgerichte, recht preiswert.

34 Akamas-Halbinsel

Hier begegnete Akamas der Liebesgöttin Aphrodite.

Auf der landschaftlich wunderschönen Halbinsel Akamas gibt es außer einem kleinen militärischen Sperrbezirk der Briten nur wenige, größtenteils verlassene Dörfer und holprige Pisten, für die man einen Wagen mit Vierradantrieb, einen Geländewagen oder ein stabiles Mountainbike braucht. Noch schöner ist es allerdings auf der Akamas-Halbinsel zu wandern. Bis zu 500 m hohe Berge, eine reiche Tierwelt und über 100 namentlich bezeichnete Pflanzenarten sowie bizarre Felsformationen bestimmen den Charakter dieser Region. Besondere **Wanderattraktionen** sind der nördliche ›Aphrodite‹- und der südliche ›Adonis‹-Weg. Beide Routen beginnen an dem legendären ›Bad der Aphrodite‹. Mit je 8 km Länge sind beide in 2–4 Stunden zu erwandern, je nachdem, wie intensiv man die verschiedenen Pflanzenarten am Wege und die schönen Ausblicke genießen will.

Wegen ihrer landschaftlichen Schönheit wird der **Lara Beach** (Meeresschutzgebiet) an der Westküste der Halbinsel, ca. 8 km nördlich des Dorfes Agios Georgios, gerne aufgesucht. Von Juni bis September ist der Strand jedoch teilweise gesperrt, denn dann legen hier Wasserschildkröten ihre Eier im Sand ab. Die gesamte Halbinsel Akamas ist, wie seit Langem geplant, inzwischen zum Nationalpark erklärt worden.

35 Pano Panagia und Chrysorogiatissa

Geburtsort von Erzbischof Makarios III. und ein stilles Kloster mit Kellerei.

Um nach **Pano Panagia** zu gelangen, zweigt man bei Stroumpi in östlicher Richtung von der Hauptverbindung Paphos–Polís ab und fährt auf die Ausläufer des Troodos-Gebirges mit seinen baumbestandenen Hängen zu. Die meisten Besucher steuern das Bergdorf wegen *Makarios III.* an. In der Ortsmitte ist ein kleines *Dokumentationszentrum* (Patriki Oikia Archiepiskopou Makariou III., tgl. 9–13 und 15–18 Uhr) eingerichtet, dessen Erläuterungen nur zum Teil auf Englisch abgefasst sind. Um zwei Ecken, durch eine Brettertür und über einen schmalen Hof geht es dann zum **Geburtshaus** des späteren Staatspräsidenten und Erzbischofs [s. a. S. 68]. Die karge Einrichtung besteht aus einem breiten Metallbett, schlichten Alltagsgegenständen und Ikonen.

Über Serpentinen führt jetzt die Straße mit gelegentlichem Blick auf Weinberge durch lichten Wald hinauf zum 2 km entfernten Kloster **Chrysorogiatissa** (der heiligen Jungfrau des goldenen Granatapfels). Reiche Kunstschätze gibt es hier nicht zu besichtigen, da die Klostergebäude 1966 einem Brand zum Opfer fielen, doch der Blütenflor in dem stillen arkadengesäumten Hof ist zauberhaft. Und in der dunklen Kirche hängt hinter einem roten Vorhang noch jene altehrwürdige *Marienikone*, die der Evangelist Lukas gemalt haben soll.

Vom Innenhof her kann man einen Klosterladen besuchen, in dem Kräuter und Kerzen verkauft werden. Wer Glück hat, kann auch einen Blick in das sonst nicht zu besichtigende Restaurierungsstudio für Ikonen werfen. Nicht entgehen lassen sollte man sich den Besuch der **Kellerei** des Klosters, deren edle Weine internationale Preise gewonnen haben.

Wildromantisch ist das Zederntal in den westlichen Ausläufern des Troodos-Gebirges

Auf teils unasphaltierten Straßen kann man von hier aus durch die Bergwälder zum Kykkos-Kloster [Nr. 24] oder zum **Zederntal** fahren. An einem Picknickplatz, etwa 20 km von Pano Panagia entfernt, beginnt ein ca. 2,5 km langer Fußweg auf den 1362 m hohen Berg *Tripilos* durch schöne, in den 1930er-Jahren durch Aufforstung gerettete Wälder der bizarr anmutenden Zedern.

Grün gebettet – berühmt ist das Kloster Chrysorogiatissa nicht nur wegen seiner traumhaft schönen Lage, sondern auch wegen seiner exzellenten Weine

Lefkoşa – wo das Leben türkisch geprägt ist

Wer von Süden zu einem Ausflug über die **Green Line** einreist, der findet sich plötzlich in einer ganz anderen Welt wieder. Lefkoşa, so der türkische Name für den Nordteil der Hauptstadt, wirkt weitaus beschaulicher, ursprünglicher als der griechisch geprägte Süden. Selbst auf den großen Straßen spürt man den gemächlichen Lebenstakt der Provinz. Doch großartig sind auch in diesem Teil der Stadt die *architektonischen* Zeugen der Vergangenheit. So wird sich kaum jemand der Ausstrahlung der gotischen **Selimiye-Moschee** (Sophienkathedrale) entziehen können. Sehenswert ist auch der mächtige **Festungsring**, den die venezianischen Gouverneure im 16. Jh. errichten ließen. Hier im Norden der Altstadt ragt er ebenso imposant auf wie im Süden. Die **Infrastruktur** der Hotels und Tavernen ist freilich noch nicht mit der im Süden zu vergleichen. Kaum ein Urlauber plant in Lefkoşa einen längeren Aufenthalt, die meisten zieht es nach der Stadtbesichtigung ins nahe Gebirge oder an die Küsten und Strände.

36 Lefkoşa

Plan hintere Umschlagklappe

Französische Gotik und Tausendundeine Nacht.

Es macht Spaß, durch die verkehrsarmen Gassen, zwischen den Geschäften und Lädchen der Altstadt von Lefkoşa spazieren zu gehen. Statt Hunderte von Souvenirshops gibt es hier altertümliche Kaffeehäuser und türkische Lokantas zu entdecken, geheimnisvoll überwucherte Gärten und Ruinen. Sichtbar bescheidener als im florierenden Süden fließen in diesem Teil der Stadt die öffentlichen Mittel. Das hat etwa zur Folge, dass der alte Kirchenbau des sog. *Bedesten* [s. S. 91] immer mehr verfällt. Immerhin wurde Lefkoşas Großer Khan, die Karawanserei, restauriert und vor einigen Jahren sind im Stadtteil Arab Ahmet Straßenzüge aus osmanischer Zeit unter Denkmalschutz-Gesichtspunkten wieder hergestellt worden.

Geschichte Mitten durch die Altstadt zog 1964 ein UN-Kommandeur auf seiner Karte eine grüne Linie. Diese *Green Line* sollte schon damals, zehn Jahre vor dem Eingreifen türkischer Truppen, Gewalttä-

Wahrzeichen von Lefkoşa sind die beiden Minarette der Selimiye-Moschee ▷

tigkeiten zwischen Türkisch und Griechisch sprechenden Zyprioten verhindern. Seit 1974 ist sie faktisch zu einer ethnischen Trennlinie geworden. Mit dem Sitz entsprechender Behörden hat Lefkoşa seitdem für den Norden hauptstädtische Funktionen zu erfüllen. Die rund 40 000 Einwohner sind überwiegend in Verwaltung, Handel und Dienstleistung beschäftigt – aus dem Tourismus werden insgesamt in Nordzypern rund 18 % des Sozialprodukts erwirtschaftet [s. a. Lefkosia, S. 18 f.].

Besichtigung Auf einen etwa zweistündigen Stadtrundgang – Museumsbesuche nicht eingerechnet – stimmt man sich am besten in einem der angenehm schattigen Cafégärten vor dem **Girne Kapısı** 23 (Kyrenia-Tor) im Norden der Altstadt ein, in welchem die *Touristen-Information* untergebracht ist. Zum Tor führen die wichtigsten Zufahrtsstraßen aus dem Norden, hier halten die Busse und Gemeinschaftstaxen *(Dolmuş)*, hierher ist es auch über die *Selim Caddesi* und die *Cemal Gürsel Caddesi* vom Ledra-Grenzübergang im Westen nicht weit. Das Torhaus selbst stammt aus venezianischen Zeiten (1562), während eine osmanische Inschrift Sultan Mahmuts II. und der kleine aufgesetzte Turm mit der Kuppel an Umbauten im Jahr 1821 erinnern. 1931 durchbrachen die britischen Kolonialherren die mittelalterliche Stadtmauer beiderseits des Tores und seitdem fließt der Verkehr um das Bauwerk herum.

Vom Derwischorden zum Dachpanorama

In der südlich verlaufenden Fußgängerzone *Girne Caddesi* (Kyrenia Leoforos) öffnet sich nach wenigen Schritten links ein schmaler Eingang in der Mauer des einstigen ›Klosters der tanzenden Derwische‹ (Tekke) zum **Museum für türkische Volkskunst** 24 (sommers Mo–Fr 9–14, sonst 9–13 und 14–16.45 Uhr). Plötzlich findet man sich in der geheimnisvoll-orientalischen Welt der *Tanzenden Derwische* wieder. Der Derwischorden wurde im

Zwei Relikte aus venezianischer Zeit – das Girne Kapısı (Kyrenia-Tor) …

13. Jh. von dem persischen Dichter Mevlana gegründet und hat seine Wurzeln in der persischen Meditationslehre des Sufismus.

Der Tanz der Derwische ist ein sich steigerndes, immer schnelleres Drehen zu mitreißender Musik, durch das die Teilnehmer in mystische Verzückung geraten und sich so eine Vereinigung mit Gott erhoffen.

In den 20er-Jahren des 20. Jh. wurde der Derwischorden in Atatürks weltlich orientiertem türkischen Staat verboten – was neuerdings wieder auflebt, ist eher folkloristischer Natur. Auf Zypern aber, das damals britisch war, blieb der Orden erhalten, auch wenn sich die Zahl der Anhänger verringerte.

Wer den *Hauptsaal* der Tekke betritt, sieht, dass der Tanzraum der Derwische durch eine Balustrade vom Versammlungsraum getrennt war. Auf der Empore saßen die Musiker, die heute durch lebensgroße Puppen vertreten sind. Die langen, weißen, glockig fallenden Gewänder der Derwische mit dem hohen, dunklen Hut kann man in diesem Museum bewundern.

Die Girne Caddesi führt weiter zum zentralen *Atatürk Meydanı*, der sich zur Abendstunde mit flanierenden jungen Leuten füllt. Vor fast 400 Jahren stellten die Venezianer auf diesem Platz ihr Herrschaftszeichen auf: eine 6 m hohe **Triumphsäule** 25 mit dem Markuslöwen, an deren Basis u. a. venezianische Wappen zu sehen sind. Anstelle des später verloren gegangenen Löwen krönt seit der britischen Kolonialzeit eine Weltkugel das Monument.

Wer jetzt zum Dachrestaurant des achtstöckigen **Saray Hotel** 26 aus den 1960er-Jahren hinauffährt, den erwartet ein faszinierender Ausblick über die gesamte historische Altstadt hinweg nach Norden auf die modernen Viertel Lef-

… und die 6 m hohe Triumphsäule, die einst den Markuslöwen trug

›Herberge der Glücksspieler‹ – im Kleinen Khan (17. Jh.), einer der beiden alten Karawansereien Lefkoşas, haben die reisenden Kaufleute ihr Geld nicht nur gezählt …

koşas, zur Mesaoria-Ebene und hinüber zum Troodos-Gebirge, nach Süden auf das Geschäfts- und Verwaltungszentrum der Republik Zypern, nach Norden zum Beşparmak-Gebirge (Kyrenia-Gebirge oder Pentadaktylos) und zur riesigen, auf den kahlen Hang gemalten nordzyprischen Halbmond-Flagge.

Karawanserei und Kathedrale

In südöstlicher Richtung führt der Weg nun durch den schmalen *Asmaaltı Sokak* zum berühmten, weil einzigen original erhaltenen **Großen Khan** 27 (Büyük Han, Mo–Sa 7–19 Uhr) Zyperns, der nach ihrer Restaurierung Ende 2001 wieder eröffneten Karawanserei aus dem Jahr 1572. Hier machten die Kaufleute Station, versorgten ihre Kamele und Pferde im Hof, der nur ein einziges Zugangstor hat, lagerten ihre kostbaren Waren, Gewürze und golddurchwirkten Stoffe diebessicher in den Gewölben und übernachteten in den kleinen Räumen des 1. Stocks. In der Mitte des großen Innenhofs steht eine kleine oktogonale *Moschee* auf Säulen über einem Reinigungsbrunnen. Kleine Läden und Restaurants im Erdgeschoss und in den Räumen des 1. Stocks laden zum Stöbern ein.

Wie ein bescheidenes Abbild des Büyük Han wirkt der 100 m weiter nördlich gelegene **Kleine Khan** 28 (wegen Renovierung auf unbestimmte Zeit geschlossen) aus dem 17. Jh., der auch *Kumarcılar Han* (Karawanserei der Glücksspieler) heißt. In seinen Räumen wurde dem Spiel gefrönt, als es noch keine staatlich konzessionierten Kasinos gab.

Rätsel gibt dem Betrachter wenige Schritte weiter westlich im Irfan Bey Sokak das noch benutzte **Türkische Bad** 29 (Büyük Hamam, tgl. 7–19 Uhr) auf. Sein Portalbogen mit den fein ornamentierten Archivolten wirkt wie ein Kirchentor und steht in Kniehöhe, nämlich noch auf mittelalterlichem Straßenniveau. Stammt das Gebäude aus vorosmanischer Zeit, war es vielleicht einst eine Kirche? Auch das schlichte Innere gibt leider keine Antwort auf diese Fragen.

Zurück am Großen Khan spaziert man zum **Arasta Sokak** 30 mit seinen typischen niedrigen Häusern und den kleinen Läden für den täglichen Bedarf. Wenig weiter östlich steht man plötzlich vor einer ganz anderen Kulisse, der hohen Westfassade der **Selimiye-Moschee** 31 (Sophienkathedrale, Mo–Fr Sonnenauf- bis Sonnenuntergang, Schuhe im Vorraum ausziehen), dem Wunder französischer Gotik mitten im orientalischen Ambiente.

TOP TIPP

Hier befand sich in fränkischer Zeit das kirchliche und weltliche Zentrum der Residenzstadt, hier ließen sich die Lusignan zu Königen von Zypern krönen. Der Balkon über der fassadenbreiten Vorhalle war Bühne für höfische Selbstdarstellung und Prachtentfaltung.

59
Vim

Ein Wunderwerk französischer Gotik ist die Selimiye-Moschee, die einstige Sophienkathedrale

Die Kathedrale, zwischen dem Jahr 1209 und der Mitte des 14. Jh. von französischen Baumeistern errichtet, erzählt aber von ihren wechselvollen Schicksalen: von Schäden durch Überfälle ägyptischer Mameluckenheere, von schweren Erdbeben im 15. Jh., vom Beschuss durch die Türken im Jahr 1571 und natürlich von der anschließenden Umwandlung in eine Moschee. – Auf die beiden unvollendeten Türme wurden damals Minarette aufgesetzt.

Die großartige, schlichte Feierlichkeit des dreischiffigen gotischen **Innenraums** überrascht – ornamentlos strecken sich die mächtigen weißen Säulen und Gewölbe in die Höhe. Im Dämmerlicht öffnet sich hinter sechs antiken Granitsäulen der Chorumgang, nach dem Vorbild der Kathedrale von Reims als Fortsetzung der Seitenschiffe hinter dem Allerheiligsten ausgebildet. Der Moschee entspricht die veränderte Ausrichtung nach Südosten, gen Mekka, die Ausstattung mit orientalischen Teppichen, der *Mihrab*, die Gebetsnische, und das Podest für die Beterinnen. Auch das Licht fällt nicht mehr durch bunte gotische Glasfenster ein, sondern wird durch dekorative Steingitter gedämpft.

Das **Bedesten** 32 (Basargebäude) genannte Bauwerk südlich der Selimiye-Moschee mit dem rötlich-gelben Mauerwerk ist längst verfallen, aber noch immer als einstige Kirche zu identifizieren. Im Mittelalter als *St. Nikolaus der Engländer* bekannt, war das ursprünglich byzantinische Gotteshaus (12. Jh.), von dem noch der Südteil erhalten ist, vermutlich vom Orden des hl. Thomas von Canterbury im 13./14. Jh. umgebaut worden. Das mächtige *Mittelschiff* erhielt die für Zypern so typische Kuppel über hohem Tambour und gotische Portale. So entstand ein faszinierender Stilmix. Über dem kleineren *Portal* kann man noch ein christliches Bildwerk erkennen, eine Darstellung des Marientods. Der jetzige Name Bedesten weist auf die Nutzung des Kirchenraums als Handels- und Lagerhaus in osmanischer Zeit hin.

◁ Eines ist sicher: Langeweile wird in Lefkoşa nicht aufkommen – dafür sorgt schon ein Bummel durch Markthalle und Altstadtgassen oder der Besuch des einzigartigen Museums für türkische Volkskunst **(Mitte)**

Gleich gegenüber steht die **Markthalle** 33, eine ansehnliche Eisenkonstruktion aus dem 19./20. Jh. Zum Warenangebot gehören Lebensmittel, köstliches Obst und Nüsse und auch Souvenirs wie Lederwaren und Textilien. Liebhaber türkischer Süßwaren können sich hier mit *Lokum*, den Fruchtgelee-Würfeln, und nussartigem *Halva* versorgen.

Anschließend führt der Weg zwischen Bedesten und Selimiye-Moschee nach Osten. Der kompakte orientalische Bau unter den Bäumen vor dem Ostportal der Moschee ist die **Sultan-Mahmut-Bibliothek** 34 (Mo–Fr 7–17 Uhr) aus dem Jahr 1829, gestiftet vom Gouverneur von Zypern. Unter der großen Kuppel des leeren Saals – die kostbaren Handschriften und Bücher sind jetzt im Nationalarchiv in Gir-

Seine wechselvolle Vergangenheit sieht man ihm nicht mehr an – der heute verfallene Bedesten diente in osmanischer Zeit als Handels- und Lagerhaus

ne unterbracht – sieht man ein goldenes Band mit kalligraphisch ansprechenden arabischen Inschriften: 48 Verse des zypriotischen Dichters Hilmi Effendi zum Lob des damaligen Herrschers.

Den Schlüssel zu Bibliothek und Lapidarium erhält man im **Eaved-Haus** 35 (Sommer Mo–Fr 7–17 Uhr, Winter Mo–Fr 7–14 Uhr), einem alttürkischen Anwesen mit Innenhof, das im Kütübhane Sokak, einer südöstlichen Nebenstraße, angesiedelt ist. Dieses Kulturzentrum wird für Ausstellungen, Lesungen und Konzerte genutzt.

Das **Lapidarium** 36 (tgl. 9–14, winters 9–13 und 14–16.45 Uhr) in einem kleinen venezianischen Haus aus dem 15. Jh. am schmalen Platz hinter der Selimiye-Moschee zeigt prächtigen Bauschmuck, z. B. antike Kapitelle, Säulentrommeln, Wappen und gotisches Maßwerk.

Orientalische Gassen an der Green Line

Ein Spaziergang durch die verwinkelten Straßen westlich der Markthalle führt bald in die Nähe der *Green Line*. Hier, im Schatten der Mauer, die meist aus steingefüllten Ölfässern, uralten Sandsäcken, verrammelten Gebäuderesten und Drahtverhau besteht, herrscht ein zwangsläufig verkehrsberuhigtes Kleinstadtidyll. Manche Nebenstraßen wirken zwar ärmlich, doch immer wieder stößt man an der Green Line auf kleine Imbisslokale in grünen Gärten.

Auf dem Weg nach Westen überquert man die Girne Caddesi und gelangt in etwa 10 Minuten über den Müftü Ziai Effendi Sokak zur **Arab-Achmet-Moschee** 37 aus dem 17. Jh. und in das gleichnamige alte türkische Stadtviertel.

›Schöner Wohnen‹ anno dazumal – so angenehm und luxuriös wie hier im Derwiş-Paşa-Haus lebten gutbetuchte osmanische Bürger am Ende des 19. Jh.

Die einzige erhaltene Kuppelmoschee Lefkoşas liegt in einem schönen Garten mit historischen Grabmälern. Baufällige alte Häuser mit Innenhöfen und farbigen Balkons werden restauriert, vor allem in den Nebenstraßen des Tanzimat Sokak.

Ein Abstecher ins ausgehende 19. Jh. führt zum prächtigen **Derwiş-Paşa-Haus** 38 (tgl. 9–14, winters 9–13 und 14–16.45 Uhr) im Beliğ Paşa Sokak. Sein Besitzer war Herausgeber der ›Zaman‹ (Zeit), der ersten selbstständigen türkischsprachigen Zeitung auf Zypern, die 1891 gegründet wurde. Restauriert und seit 1988 als ethnographisches Museum genutzt, steht dieser große türkische *Konağı* beispielhaft für Stadthäuser wohlhabender Familien jener Zeit. Freunde schöner alter Wohnungseinrichtungen und eleganter Mode werden ihre Freude haben.

Vom Arab-Achmet-Viertel kommt man rasch westwärts auf den Tanzimat Sokak an der Stadtbefestigung zu und von dort zum Übergang in den Süden am Ledra Palace, dem ehem. Hotel, und zurück zum Kyrenia-Tor.

Die Green Line wird durchlässiger, doch Zyperns Metropole ist immer noch eine geteilte Stadt

i Praktische Hinweise

Information

Büro im Kyrenia-Tor, Tel. 2 27 29 94

Grenzübergang

Der Grenzübergang befindet sich beim Ledra Palace.

Hotels

******City Royal**, Kemal Aşik Caddesi 19, Tel. 2 28 76 21, Fax 2 28 75 80, www.city-royal.com. Geschäftshotel beim Busbahnhof mit angenehmem Komfort.

*****Saray**, Atatürk Meydanı, Tel. 2 28 30 02, Fax 2 28 48 08. Beste Adresse, Hochhaus im Stadtzentrum mit Dachrestaurant und Spielkasino, Zimmer mit Klimaanlage und TV.

Restaurants

Neben den Hotelrestaurants findet man in Lefkoşa meist nur bescheidene Lokale, z. B. in der Girne Caddesi.

Biyer Restaurant, Mehmet Akif Cad., Dereboyu, Tel. 2 28 01 43. Auch Einheimische schätzen die typisch zyprischen *Mezeler*. Reservierung empfohlen!

Halat, Bedrettin Demirel Caddesi 99, Tel. 2 28 68 15. Nördlich der Altstadt, beim Çocuk-Park, rustikale Ausstattung, guter Ruf als Fischrestaurant.

Konak Restaurant, im Innenhof der Selemiye-Moschee, Tel. 2 29 12 13. Traditionelles Ambiente in mehreren Räumen.

Gazimağusa und der Osten – Glanz der Geschichte, Stille der Natur

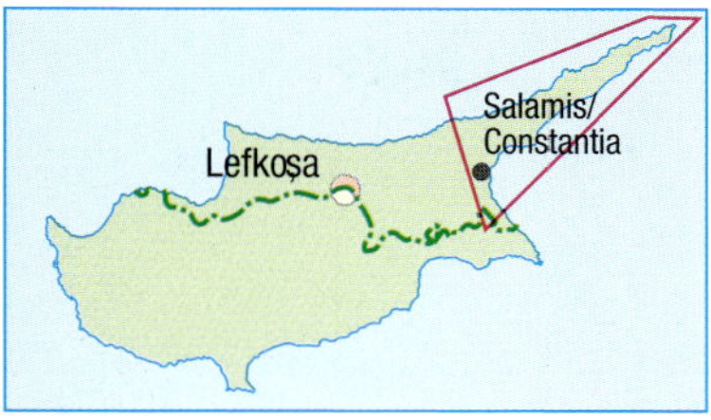

Famagusta, das heutige **Gazimağusa**, kurz auch Magusa genannt, ist eine Provinzstadt, deren gotische Kirchen und venezianische Wälle den Traum einer glänzenden Vergangenheit wach zu halten scheinen. Nicht von ungefähr galt Famagusta jahrhundertelang als eines der goldenen Tore zum Orient. Etwas weiter nördlich liegt das ehrwürdige **Salamis**. Das einstige Stadtkönigtum soll in der Antike 100 000 Einwohner gezählt haben. All diesen Spuren heute mit viel Ruhe und Muße zu folgen, lohnt sich. Der **Apostel Paulus** soll in dieser Region geweilt haben. Hier und nahe bei Salamis erinnern historische Relikte an seinen Begleiter **Barnabas**, den ersten Bischof Zyperns. Und was den natürlichen Zauber dieses Gebietes angeht: Herrlich sind vor allem die kilometerlangen **Strände**, am schönsten, weil noch ganz unverbaut, präsentieren sie sich im Osten der Karpaz-Halbinsel, die sich als schmaler Sporn Zyperns den syrischen und libanesischen Küsten entgegenstreckt.

37 Gazimağusa/ Famagusta/ Ammochostos *Plan Seite 96*

Fränkische Gotik und venezianische Stadtmauern.

Beschaulich geht das Leben in Gazimağusas Altstadt noch heute seinen Gang. Und da die Häuser die bis zu 18 m hohe Mauerkrone der **Stadtbefestigung** nicht überragen dürfen, bietet auch die Silhouette der mittelalterlichen Kirchen und Kirchenruinen einen unverfälschten Anblick. Die 26 000 Einwohner zählende Stadt rund 60 km östlich der Metropole Lefkoşa ist heute vor allem Ziel von Tagesausflüglern.

Geschichte Vom legendären Reichtum Famagustas ist in allen Berichten Zypernreisender des späten Mittelalters die Rede. Die lange Geschichte der Stadt beginnt freilich bereits im 3. Jh. v. Chr., als der Ptolemäerkönig Philadelphos die Stadt am günstigen **Naturhafen** gründete, doch lässt der spätere griechische Name *Ammochostos* (im Sand verborgen) auf Probleme bei der Neugründung schließen. Erst im Hochmittelalter bekam *Famagusta*, wie der Ort nun hieß, seine goldene Chance. Der Abzug der fränkischen Kreuzritter von der Levanteküste verlagerte den Warenumschlag jetzt in die Krönungsstadt der Lusignan. Im 14. Jh. zählte man rund 70 000 Einwohner, darunter so viele wohlhabende Händler und Kaufleute, dass immer neue Kirchen für orthodoxe, katholische, nestorianische und armenische Christen gebaut und immer stärkere Befestigungen finanziert werden konnten.

Seit 1372 abwechselnd unter venezianischer und genuesischer Herrschaft fiel Famagusta 1571 nach elfmonatiger Belagerung an das Osmanenreich und verlor damit seine Schlüsselrolle im Orienthandel. Zu neuem Wohlstand kam die Stadt nach dem Zweiten Weltkrieg durch den **Tourismus**, als an den Sandstränden von *Varoscha* südlich der Stadt Hotelburgen mit rund 10 000 Betten entstanden. Seit 1974 ist Varoscha militärisches Sperrgebiet der UNO und dem langsamen Verfall preisgegeben.

Besichtigung Zur ersten Orientierung empfiehlt sich der Blick vom **Landtor** ❶,

◁ *Highlights im Norden Zyperns – die schönen Strände der Karpaz-Halbinsel und architektonische Hinterlassenschaften wie die Ruine der St.-Georgs-Kirche in Gazimağusa*

Renaissance-Festungsarchitektur wie sie im Buche steht – Landtor von Gazimağusa

dem spektakulärsten Bau im 3,5 km langen Ring der Mauern und Wälle um die Altstadt. Größtenteils von venezianischen Baumeistern entworfen, handelt es sich hier um eines der besterhaltenen Beispiele von Renaissance-Festungsarchitektur [s. S. 22]. Die *Mauerkronen* können an manchen Stellen erstiegen, jedoch aus Sicherheitsgründen nicht auf ganzer Länge begangen werden. Rampen und Treppen führen zum *Artillerie-Plateau* auf dem Landtor mit grandioser

Sicht auf die gotischen Türme von St. Peter und Paul, der Lala-Mustafa-Paşa-Moschee und von St. Georg.

Stadteinwärts in nordöstlicher Richtung kommt man vorbei an Straßenhändlern und kleinstädtischen Läden für den täglichen Bedarf auf der Istiklal Caddesi ins historische Zentrum zu **St. Peter und Paul** 2 (Sommer 9–20, Winter 9–12.30, 13.30–16.45 Uhr). Die frühgotische dreischiffige Basilika (14. Jh.) mit ihrer schön gegliederten Fassade wurde nach 1571 zur Sinan-Paşa-Moschee umfunktioniert, später diente sie als Kartoffelspeicher und Stadtbibliothek.

Die hoch aufragenden Mauern gleich gegenüber gehören zur Ruine des **Palazzo del Provveditore** 3, des Palastes des venezianischen Militärgouverneurs, in dem zuvor die Lusignan-Könige residiert hatten. Sehr stattlich wirkt noch heute das triumphale dreibogige *Portal* an der Ostseite. In einem Nebengebäude erinnert das *Namik-Kemal-Museum* (Sommer 9–14, Winter 9–12.30, 13.30–16.45 Uhr) mit Lebenszeugnissen und Dokumenten an den 1888 verstorbenen türkischen Poeten und Publizisten, der sich stets für politische Reformen eingesetzt hatte und bis heute als Nationalheld gefeiert wird.

Zwei weitere markante historische Bauten in der Umgebung des Palazzo del Provveditore sind die Ruine der **Franziskanerkirche** 4 aus dem 13. Jh., die zu den Stiftungen der Lusignan-Herrschaft gehörte, und das rund vier Jahrhunderte später entstandene ehem. Bad **Cafer Paşa Hamam** 5, in dem heute eine Bar untergebracht ist.

Unbestrittener Höhepunkt der Altstadtlandschaft, gegenüber den Palastruinen, ist die **Lala-Mustafa-Paşa-Moschee** 6, die ehem. Nikolauskathedrale. Sie präsentiert französische Hochgotik über Palmwipfeln! 1326 nach kurzer Bauzeit geweiht, prunkt die dreischiffige Basilika mit einer reich gegliederten *Westfassade*, an der über den drei Spitzbogenportalen eine schön gestaltete Fensterrose den Blick auf sich zieht. Obgleich die beiden Fassadentürme nie vollendet wurden, gilt Famagustas Kathedrale als schönste gotische Architektur Zyperns. Auf den Sockel des Nordturms wurde in osmanischer Zeit ein kleines Minarett gesetzt. Bei der Verwandlung der **Krönungskirche** der Lusignan in eine *Moschee* 1571 wurden die Fresken, der christliche Skulpturenschmuck und die farbigen Fenster entfernt. Herbe Verluste, doch die Architektur des lichten weißen Innenraums mit seinem Kreuzrippengewölbe kommt trotz der Einbauten von *Mihrab* und *Minbar* sehr gut zur Geltung.

TOP TIPP

Im Süden der ehem. Nikolauskathedrale erreicht man über eine kleine Sei-

Auch als Ruine noch eine Schönheit – Palazzo del Provveditore mit seinem Triumphportal

Kleine Läden bestimmen den Charakter der Altstadt von Gazimağusa

tenstraße die romantisch überwachsenen Ruinen von **St. Georg** 7 aus dem 15. Jh. Das ehemals orthodoxe Gotteshaus verband das byzantinische Schema des Kuppelbaus mit dem der gotischen Basilika – ein auf Zypern seltenes Konzept. Gut erkennbar ist hier noch die mittelalterliche Bautechnik, z. B. wurden als Füllmaterial über den Gewölben Amphoren verwendet, um die Last zu mindern und die Akustik zu verbessern.

Zu den interessantesten Anlagen des Verteidigungsrings gehört die **Canbulat-Bastion** 8 an der Hafenfront. An das kleine volkskundliche und stadtgeschichtliche *Museum* (wg. Renovierung auf unbestimmte Zeit geschl.) in ihrem Innenraum schließt eine hohe Halle an, in der unter Fahnen der grün bedeckte Sarkophag des osmanischen Offiziers Canbulat aufgestellt ist. Der Legende zufolge trug dieser entscheidend zur Erstürmung Famagustas im Jahr 1570/71 bei, als er sich mit seinem Pferd in eine von den Verteidigern konstruierte Messerradsperre stürzte und sie blockierte.

An Venedigs Herrschaft erinnert am **Seetor** 9 ein geflügelter Markuslöwe. Der eindrucksvoll hohe Kuppelraum des Torbaus, der vermutlich als Lagerhalle oder Aufenthaltsraum für die Truppen diente, wurde 1496 errichtet.

Deutlich größer ist der **Othello-Turm** 10 (Sommer 9–19, Winter 9–12.30, 13.30–16.45 Uhr), die Zitadelle nordwestlich vom Seetor mit ihrer gotischen Halle aus

Hochgotik in Nordzypern – der Blickfang schlechthin in der Altstadt von Gazimağusa ist die grandiose Westfassade der Lala-Mustafa-Paşa-Moschee

Der geflügelte Markuslöwe am Eingang zum Othello-Turm erinnert an die Herrschaft der Venezianer, die Gazimağusa mit einer Bastion befestigten

dem 14. Jh. Das erst seit britischer Kolonialzeit als *Othello Tower* bekannte Gemäuer gilt als Schauplatz von Shakespeares Eifersuchtsdrama, doch Beweise gibt es dafür nicht. Vom oberen Teil der Anlage hat man einen schönen Blick über den Hafen und die Altstadt von Famagusta.

Wer hingegen die Schattenseiten von Zyperns Gegenwart ungeschönt wahrnehmen will, sollte sich aufs Dach des Hotels **Palm Beach** 11 begeben, von wo aus man den besten Blick auf die verfallenden Hotel-Hochhäuser im Sperrgebiet der *Forbidden Zone* am Varoscha-Strand hat.

i Praktische Hinweise

Information

Gazimağusa Tourist Information, Fevzi Çakmak Bulvarı 5, Tel. 3 66 28 64

Schiff

Tägliche Fährverbindungen mit Mersin/ Türkei. Auskunft bei der Tourist Information.

Hotels

Das Angebot ist schmal, solide Mittelklassehotels findet man außerhalb der Stadt in Richtung Salamis und Boğaz.

*****__Bilfer Palm Beach Hotel__, Deve Limanı Sokak, Tel. 3 66 20 00, Fax 3 66 20 02, www.northernpalmbeach.com. Mit Hotelgarten, Tennisplatz, Swimmingpool, Beach-Bar. Der Fünf-Sterne-Anspruch ist jedoch überzogen.

***__Portofino Hotel__, Fevzi Cakmak Bulvari 9, Tel. 3 66 43 92, Fax 3 66 29 49. Mit Restaurant, Garten, Swimmingpool.

Restaurants

Desdemona, Canbulat Yolu 3, Tel. 3 63 82 73. *Mese* und *Kebap* unter mittelalterlichem Gewölbe oder im Grünen.

Othello Kalesi, beim Othello-Turm, Tel. 8 51 15 19. Die Spezialität dieses komfortabel eingerichteten ehem. Offizierskasinos mit Terrasse ist *Full Mese*.

Petek Pastanesi, Surlar Içi Liman Yolu 1, Tel. 3 66 71 04, 3 36 13 55. Das Tortenparadies schlechthin.

Stöbern nach Souvenirs – in den Antikshops der Altstadt wird man sicherlich fündig

38 Salamis/Constantia

Von Luxusbädern und Königsgräbern in der antiken Metropole Zyperns.

Von Gazimağusa nach Norden sind es mit dem Auto kaum 10 Min. bis zur Abzweigung nach Salamis. Das **Ausgrabungsgelände** (Sommer 9–20, Winter 9–12.30, 13.30–16.45 Uhr) umfasst nur einen Teil der antiken Haupt- und Hafenstadt, doch was die Archäologen bis 1974 an architektonischen Zeugnissen der fast 2000-jährigen Geschichte ans Licht gebracht haben, fügt sich zu einem eindrucksvollen Bild.

Am schönsten bietet sich das Gelände im Frühjahr dar (Mitte März/April), wenn sich ein Teppich von Mimosen, gelben Kronenwucherblumen und wildem Fenchel vor dem tiefblauen Meer ausbreitet. Auf unbefestigten, nur vereinzelt markierten Wegen fährt man von einer Ausgrabung zur anderen. Wer gut zu Fuß ist, kann auch eine Tageswanderung machen. Proviant gehört dazu, denn ein Restaurant gibt es nur am nördlichen Zugang.

Wunderschöne Badestellen findet man am **Strand** vor dem Ruinengelände und bleibt dort selbst im Hochsommer ungestört in der mediterranen Landschaft.

Geschichte Der Legende nach hat der von der griechischen Insel Salamis stammende **Teukros**, Sohn des Königs Telamon, bei seiner Rückkehr vom Trojanischen Krieg im 12. Jh. v. Chr. die Stadt gegründet. Schon vom 11. Jh. v. Chr. an nahm Salamis gegenüber der weiter landeinwärts gelegenen Stadt Alasia, dem heutigen Enkomi [Nr. 40], eine Vorrangstellung ein. Bis zum 4. Jh. v. Chr. wuchs das zyprische Salamis zum bedeutendsten **Stadtkönigtum** der Insel, auch wenn es den Assyrern, später den Ägyptern und Persern tributpflichtig war. In ihrer Blütezeit war die Stadt vermutlich von 100 000 Menschen bewohnt.

Alexander der Große schließlich befreite zwar Zypern von den Persern, entmachtete aber die Stadtkönigtümer. Salamis musste seine Position an Paphos abtreten.

Ein neuer **Hafen** wurde angelegt und auch unter Roms Herrschaft blieb Salamis Zyperns größte Stadt. Eine wichtige Rolle nahm es aufgrund seiner Nähe zu Palästina auch bei der frühen Christianisierung der Insel ein. So besuchte z. B. der **Apostel Paulus**, der im Jahre 45 n. Chr. in Begleitung des Zyprioten Barnabas [s. S. 103 f.] reiste, die Stadt. Mehr als vier Jahrhunderte später, zur Zeit des byzantinischen Kaisers *Zenon* (474–491), wurden bei Salamis das Grab und die Gebeine des hl. Barnabas aufgefunden und dem Kaiser übergeben. Als Dank für diese unschätzbare Gabe gewann die orthodoxe Kirche Zyperns die seit langem angestrebte Unabhängigkeit.

Von schweren Erdbeben zerstört, wurde Salamis im 4. Jh. von Kaiser Constantius II. wieder aufgebaut und hieß fortan **Constantia**. Das Ende allen Glanzes kam mit den Araberinvasionen im 7. Jh. Die Führungsrolle im Inselosten fiel in der Folge an Ammochostos/Famagusta. Die meisten in Salamis ausgegrabenen Monumente stammen aus der römischen Spätantike und der byzantinischen Ära.

Besichtigung Die antiken Sport- und Freizeitstätten des **Gymnasion** (1) gab es schon im Hellenismus, doch die Sportanlagen, die man heute sieht, stammen ebenso wie die unmittelbar benachbarten Thermen aus spätrömischer Zeit (3.–4. Jh.). Mit einer Ausdehnung von etwa 140 x 90 m gehört das Gymnasion zu den größten Zyperns. Archäologen haben die eleganten monolithischen Marmorsäulen der Wandelhalle rund um das Rechteck der *Palästra*, des Übungsplatzes der Athleten, in den 50er-Jahren des 20. Jh. wieder aufgerichtet. Diese Säulen schmückten ursprünglich das Theater, wurden aber nach Erdbebenschäden in der Spätantike hierher versetzt. Die Böden der Palästra und der Thermen zeigen noch Reste von geometrischem Marmormosaik.

Bestens war auch für die menschlichen Bedürfnisse gesorgt: So ist eine halbrunde *Latrinenanlage* mit Wasserspülung an der Südwestecke für etwa 40 Benutzer erhalten, die einst freie Sicht auf die Palästra hatten. Erst in christlicher Zeit wurde ein Sichtschutz errichtet.

Mit Fußbodenheizung ausgestattet waren die **Thermen** (2). An ihrem wandhoch erhaltenen Mauerwerk entdeckte man Freskenreste, die u. a. *Hylas*, den Gefährten des Herakles, zeigen, der sich einer verführerischen Nymphe zu entziehen sucht. Auf Mosaikfragmenten kann man die Geschwister Apollon und Artemis erkennen, die die Kinder der hochmütigen Niobe töten; an anderer Stelle erblickt man Zeus in Tiergestalt bei ei-

Von einem Besuch des Ausgrabungsgeländes der antiken Haupt- und Hafenstadt Salamis kann man sich wunderbar am schönen Strand erholen

ner seiner Liebeleien: ›Leda mit dem Schwan‹.

Das römische **Theater** 3, ein Riesenbau aus der Zeit des Augustus, mit Plätzen für etwa 17 000 Zuschauer und einem Bühnengebäude, das mit 40 m länger als jenes in Ephesos war, wurde durch das Erdbeben zerstört und fortan als Steinbruch genutzt. Erst nach 1960 hat man die unteren 20 von einst mehr als 50 Sitzreihen rekonstruiert. In diesem Areal finden heute nicht nur Konzerte und Schauspiele statt, sondern auch die Begrüßung und Verabschiedung von UNO-Soldaten.

Gegenüber stößt man auf die überwucherte Ruine des römischen **Amphithea-**

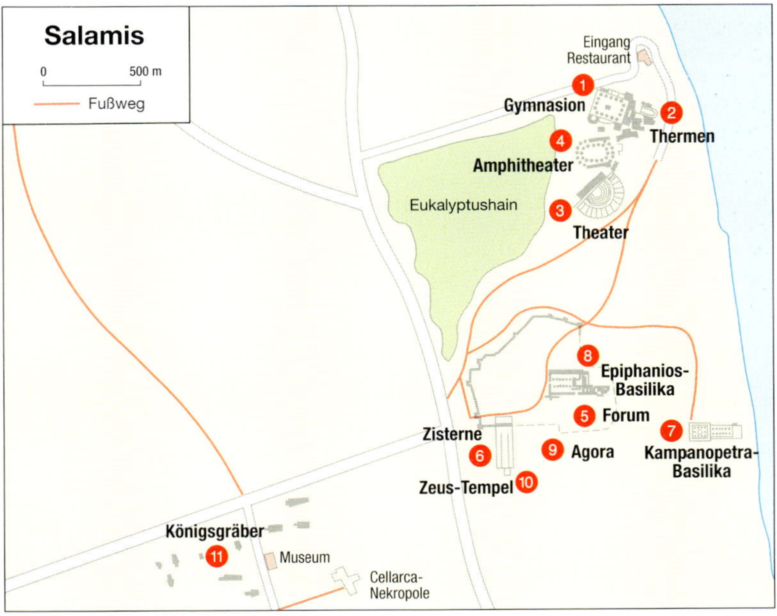

Äußerst elegant wirken die Säulen der spätrömischen Palästra von Salamis

ters ④, ein Stück weiter südwestlich auf das **Forum** ⑤ mit umgestürzten rosafarbenen Granitsäulen ägyptischer Provenienz. Bei einer **Zisterne** ⑥ etwa 200 m südlich des Theaters sieht man Mühlsteine und ein Becken, in dem Olivenöl ausgepresst wurde.

An einem sehr schönen Platz unmittelbar über der Küste wurde vielleicht schon im 4. Jh. die **Kampanopetra-Basilika** ⑦ erbaut, eine in ihren Grundmauern noch erhaltene dreischiffige Kirche mit zusätzlichen schmalen Seitenräumen für die Ungetauften, einer Vorhalle (Narthex), zwei Vorhöfen und achteckigem Brunnen. Ein Prunkstück ist das *Fußbodenmosaik* im östlichen Teil des Gotteshauses, das mit seinen rund 2000 Steinchen *(Tesserae)* eine dynamische Spiralform bildet.

Als damals größte Kirche Zyperns entstand Ende des 4. Jh. die fünf- oder sogar siebenschiffige **Epiphanios-Basilika** ⑧ nordwestlich der Kampanopetra-Kirche. Die wenig spektakulären Reste der vermutlichen Bischofskirche bestehen größtenteils aus Säulenbasen. Gut erhalten ist nur die halbrunde Treppe, die zu einer erhöhten Plattform in der Mittelapsis hinaufführt. Dieses *Synthron* war der Platz der Geistlichen.

Südwestlich davon erstreckt sich mit großstädtischen Ausmaßen von 55 x 228 m die griechisch-römische **Agora** ⑨, eine der größten der Antike. An ihrem Rand liegen imposante Kapitelle im grünen Dickicht, die einst zu einem **Zeus-Tempel** ⑩ gehörten.

Zyperns größtes Gräberareal ist mit einer Ausdehnung von rund 5 km² zwischen der antiken Stadt und dem Barnabas-Kloster die **Nekropole** von Salamis (Abzweigung von der Straße zum Kloster, Gräberfeld mit kleinem Museum: Sommer 9–19, Winter 9–12.30, 13.30–16.45 Uhr). Außer den einfachen Felskammergräbern für die Bürger im **Cellarca-Bezirk**, die dicht unter der Oberfläche liegen, gibt es rund 50 prominente Grabbauten für Adlige und Mitglieder der königlichen Familie (8.–7. Jh. v. Chr.), die sehr viel aufwendiger angelegt sind.

Die Architektur dieser **Königsgräber** ⑪ folgt immer dem gleichen Muster: ein breiter, von Mauern eingefasster abschüssiger Zugang, der *Dromos*, in dem die Scheiterhaufen für Feuerbestattungen aufgehäuft wurden, führt zum gepflasterten Vorhof *(Propylaion)* und zur eigentlichen Grabkammer, die mit Steinplatten abgedeckt wurde. Nach der Bestattung wurde ein bis zu 10 m hoher Erd-Tumulus über Dromos und Grabkammer aufgetürmt.

Am spektakulärsten sind die Gräber, an deren Kammerzugang unter Schutzglasdächern Gerippe von Pferden, Eseln und sogar von einem Menschen (Grab Nr. 47) gezeigt werden. Die mit Bronzeschmuck ausgestatteten Tiere zogen wohl den Kampf- oder Leichenwagen des Toten, wie Reste von Jochen und Deichseln bezeugen. Getötet wurden sie unmittelbar vor der Grabkammer, einige Skelette zeigen noch den Todeskampf.

Auch im sog. **Gefängnis der hl. Katharina**, dem Grab Nr. 50, fanden sich Pferdegerippe. Der Grabbau wurde in spätrömischer Zeit als Kapelle genutzt. Der Name erinnert an eine Königstochter, die als Christin in Andacht leben wollte und sich in dieses steinerne Gefängnis zurückzog. Bis 1974 wurden hier Gottesdienste gehalten, ein Taufbecken und Heiligenbilder blieben am Ort.

Im Zypern-Museum von Lefkosia [s. S. 25] sind die Grabbeigaben der Nekropole

ausgestellt, so auch zwei Thronsessel mit Elfenbein- und Silberbeschlag aus Grab Nr. 79. Im kleinen **Museum** westlich dieses Grabes finden sich Fotos der Grabungen und ein rekonstruierter Streitwagen mit Bronzeverzierungen.

i Praktische Hinweise

Hotels

*******Salamis Bay Conti Resort Hotel**, 10 km nördlich von Gazimağusa am Strand. Tel. 378 82 01, Fax 378 82 09. Gepflegtes 1000-Betten-Hotel am Meer mit Restaurant, Disco, Bars, Pool, Sauna und Jacuzzi, Kinderspielplatz.

*****Mimoza Hotel**, Salamis Yolu, nahe dem Salamis Bay Conti Hotel, Tel. 378 82 19, Fax 378 90 77, www.mimozabeachhotel.com. Zweistöckige Anlage um einen großen Süßwasser-Swimmingpool mit Palmeninsel und Bar, direkt am Strand. Freundliche Zimmer mit Klimaanlage, Restaurant.

Restaurant

Bedij's, am nördlichen Eingang der Ausgrabung beim Gymnasion gelegen. Getränke und kleine Gerichte werden u. a. auf der Terrasse nahe dem Meer serviert.

39 Barnabas-Kloster

Kirche und Grabkapelle des zyprischen Missionars und ersten Bischofs – und ein hervorragendes Archäologisches Museum.

Ganz in der Nähe von Salamis liegt das Barnabas-Kloster an einem der schönsten Flecken, die man sich vorstellen kann. Besonders stimmungsvoll ist es hier im Frühjahr, wenn das Rot des Mohns und das Gelb der Margeriten unter uralten Olivenbäumen zu einer herrlichen Farbsinfonie verschmelzen.

Die **Klosterkirche**, die im 18. Jh. über einem Vorgängerbau (10. Jh.) errichtet wurde, enthält Wandbilder des 19. Jh., die die Barnabas-Legende thematisieren. Dargestellt ist u. a. eine Traumvision des Bischofs Anthemios von Salamis, die zur Folge hatte, dass das in Vergessenheit geratene Grab mit den Gebeinen des Heiligen und einem handgeschriebenen Matthäus-Evangelium aufgefunden wurde [s. a. Salamis, S. 100].

Heute ist in dem Gotteshaus ein **Ikonenmuseum** (Sommer 9–20, Winter 9–12.30, 13.30–16.45 Uhr) untergebracht. Es zeigt Ikonen verschiedener Provenienz aus dem 19./20. Jh., die zwar künstlerisch nicht besonders wertvoll sind, doch interessante Vergleiche ermöglichen, da hier jeweils mehrere Versionen desselben orthodoxen Heiligenbildes nebeneinander erscheinen.

Im Kloster selbst, das wohl im 5. Jh. gegründet und erst nach der Teilung Zyperns von den letzten Mönchen verlassen wurde, hat man ein kleines **Archäologisches Museum** (Sommer 9–20, Winter 9–12.30, 13.30–16.45 Uhr) eingerichtet, eines der besten der Insel. In *Raum 1* und *Raum 2* begegnet man dem Neolithikum und der frühen Bronzezeit beispielsweise in Gestalt von Stierkopf- und Hirschgeweih-Keramiken aus Enkomi [Nr. 40]. *Raum 3* und *Raum 4* zeigen erlesene Exponate der mittleren und späten Bronzezeit (1900–1050 v. Chr.), u. a. Bronzedolche und Spindeln. Zu den Glanzpunkten gehören außerdem importierte griechische Keramik *(Raum 5)*, Goldschmuck und römische Gläser *(Raum 6)* sowie Skulpturen aus archaischer und klassischer Zeit *(Raum 7)*, darunter eine beispielhaft restaurierte Frauenstatue des 5./4. Jh. v. Chr. Im blumengeschmückten Klosterhof lädt eine **Cafeteria** im Schatten von Oliven- und Zitronenbäumen zur Rast.

Etwa 200 m nordöstlich vom Kloster schließlich steht der moderne Kuppelbau des **Barnabas-Grabes**. Einige Stufen führen zum Sarkophag hinab, in dem die Gebeine des hl. Barnabas gefunden worden sein sollen.

40 Enkomi

Die frühzeitliche Siedlung gilt als erstes Zentrum zyprischer Kupferverarbeitung.

Fährt man vom Barnabas-Kloster westwärts und biegt an der ersten Straßengabelung nach rechts in Richtung Lefkoşa ab, so zweigt gleich darauf links die Auffahrt zu der großen **Ausgrabung** von Enkomi ab (Sommer 9–19, Winter 9–12.30, 13.30–16.45 Uhr). Nach Spektakulärem hält man in diesem Ruinenfeld vergeblich Ausschau. Die Stadt war um 1075 v. Chr. durch Brand und Erdbeben zerstört worden, ihre Nachfolge trat Salamis an.

Als besonders bemerkenswert aber gelten die archäologischen Indizien, dass an dieser Stelle im 2. Jahrtausend v. Chr. **Alasia** lag, die mit ca. 15 000 Einwohnern damals wichtigste Stadt Zyperns und der bedeutendste Handelsplatz für die Ausfuhr von Kupfer in den östlichen Mittelmeerraum. In altägyptischen Archiven steht der Name Alasia nicht nur für diese Stadt, sondern zugleich für die ganze Insel.

Im **Grabungsgelände** zeichnen sich rechtwinklig kreuzende Straßen ab; die 500 m lange *Hauptstraße* verläuft mittig von Norden nach Süden und kann auf einem aufgeschütteten Erdpfad über den Mauern aus sorgfältig behauenen Steinquadern begangen werden. Die Areale

Abseits aller Hektik in verträumter Stille liegt das Kloster des hl. Barnabas

Ikonen des 19. und 20. Jh. kann man in der Kirche des Barnabas-Klosters bewundern

wurden nach den jeweiligen Fundstücken benannt, z. B. **Haus der Säulen** und **Kupferwerkstatt**. Die entsprechenden Exponate, Kupferbarren, Bronzewerkzeuge und Kunstwerke, sind im Zypern-Museum von Lefkosia [s. S. 25] versammelt, darunter auch die berühmte Bronzestatuette eines gehörnten Gottes.

Im Nachbardorf *Tuzla* (türk. für Enkomi) verweist ein Schild unterhalb der Sultan-Ahmet-Moschee auf das **Scheingrab des Nikokreon**, des letzten Königs von Salamis, der im Jahre 311 v. Chr. Selbstmord beging, weil er dem Angriff des ägyptischen Alexander-Nachfolgers Ptolemaios I. keinen Widerstand mehr leisten konnte. Die Einwohner von Salamis richteten ihrem König und seiner Familie, deren Leichen nicht mehr auffindbar waren, später eine Totenfeier aus und bauten diesen Grabhügel auf, von dem nur noch Stufen und eine runde Plattform zu sehen sind. Was man dort fand, ist ebenfalls im Zypern-Museum ausgestellt.

i Praktische Hinweise

Restaurants

Im benachbarten Dorf Yeni Boğaziçi gibt es mehrere Restaurants mit zypriotischer Küche, die gern von Zyprioten besucht werden, z. T. aber nur abends geöffnet sind. Empfehlenswert:

Ergün-Salamis, Doğan Spor Kulübü Karşisi, Yeni Boğaziçi, Tel. 378 81 68. Hier kann man sich z. B. die sorgfältig zubereitete üppige *Mese* schmecken lassen.

41 Yeni Iskele/Trikomo und Boğaz

Geburtsort eines Freiheitskämpfers und ein malerisches Fischerdorf.

Bekannt ist **Yeni Iskele** in der fruchtbaren Mesaoria-Ebene nördlich von Salamis vor allem als Geburtsort des EOKA-Führers *Georgios Grivas* [s. S. 14]. In dem vor 1974 hauptsächlich von griechischen Zyprioten bewohnten Bauerndorf leben heute Türkisch sprechende Zyprioten aus Larnakas Hafenviertel Iskele.

An der Straßenkreuzung im Ortszentrum fällt die zierliche Kreuzkuppelkirche *Agios Jakobos* (15. Jh.) wegen ihrer architektonischen Ausgewogenheit ins Auge. Leider ist sie vollkommen ausgeräumt und von Tauben okkupiert. Umso attraktiver ist das *Ikonenmuseum* (Sommer 9–14, Winter 9–12.30, 13.30–16.45 Uhr, ausgeschildert) in der Kirche Panagia Theotokos aus dem 12. Jh. Die ausgestellten Werke, schöne Beispiele naiver Ikonenmalerei, stammen meist aus neuerer Zeit. Sehenswert sind auch die Kirchenfresken, z. B. die Darstellung der ›Verkündigung‹, der ›Auferstehung Christi‹ und das Kuppelbild des Pantokrator.

Aus dem unbemalten Schnitzwerk der Ikonostase leuchten die Farben alter Heiligenbilder hervor und rundum an den Wänden sieht man einige Ikonen aus neuerer Zeit.

Wenige Kilometer weiter nördlich am Golf von Gazimağusa scheint der kleine Fischerhafen **Boğaz** noch vor sich hin zu träumen. Und doch laden an und über den schmalen Stränden Fischrestaurants und Cafés zum Verweilen ein. Die Hotels machen den Ort zum günstigen Standort für Exkursionen zur Karpaz-Halbinsel.

i Praktische Hinweise

Hotels

*****Merit Cyprus Gardens**, Yeni Iskele, Tel. 3712400, Fax 3712370, www.merithotels.com. Weiträumige Bungalow-Anlagen in üppigem Gartengrün direkt an der Meeresbucht mit Restaurant, Swimmingpool und viel besuchtem Spielkasino.

*****Seaview**, Boğaz, oberhalb des Fischerhafens, Tel. 3712651, Fax 3713423. Haus in schöner Lage mit begrüntem Hof, Gartenterrassen und Pool. Restaurant mit Livemusik.

Restaurant

Kemal ın Yeri, Boğaz, Tel. 3712515. Auf der rustikal dekorierten Terrasse am Fischerhafen werden Fisch und schmackhafte Salate serviert. Viele einheimische Gäste.

Diese ›Sandalen‹, ein Symbol für Pilgerschaft, entdeckt man …

42 Karpaz/Karpasia

Ursprüngliche mediterrane Landschaft, endlos lange Dünenstrände und tausendjährige Kirchen.

Zyperns *Zeigefinger*, die Halbinsel Karpaz, streckt sich von Boğaz rund 90 km weit nach Osten. Auf einer **Tagesrundfahrt** kann man gut die Sehenswürdigkeiten dieser einsamsten Region Zyperns erkunden. Wer Ruhe sucht und herrliche Strände – allerdings ohne touristische Komforteinrichtungen –, der wird länger bleiben.

Seit 1997/98 erleichtert die gut ausgebaute Hauptstraße die Halbinseldurchquerung. Wer aufmerksam durch die Orte fährt, wird immer mal wieder Menschen in ostanatolischer Bauerntracht sehen: Es handelt sich um Kurden, die nach 1974 die Möglichkeit erhielten, sich hier anzusiedeln. Bisweilen trifft man auch auf blonde Lazen (Tschanen) von der Schwarzmeerküste. In anderen Dörfern wieder, etwa in Dipkarpaz/Rizokarpaso und Sipahi, leben noch viele griechische Familien, deren Kinder von griechischen Lehrern unterrichtet werden.

Ein erster kurzer Abstecher von der Hauptstraße führt zum Dorf **Boltaşli/Lythrangomi**, dessen Kirche *Panagia Kanakaria* (11./12. Jh.) in den 70er-Jahren des 20. Jh. durch den dreisten Raub des kostbaren Apsismosaiks (6. Jh.) unrühmlich bekannt wurde. Als die amerikanische Kunsthändlerin Peggy Goldberg einen Teil davon dem Paul Getty Museum anbot, wurden die Mosaiken identifiziert und auf Gerichtsbeschluss an die Republik Zypern ausgeliefert. Heute befinden sie sich im Byzantinischen Museum von Lefkosia [s. S. 20 f.]. Die Kirche selbst bietet einen traurigen Anblick, Wandmalereien und goldgrundige Mosaiken sind fast vollständig zerstört.

Bezaubernd schön hingegen liegt am Rand von **Sipahi/Agia Trias** die Terrasse mit den Grundmauern der frühchristlichen Kirche *Agia Trias* (nach der ›Aya Trias Bazilikasi‹ fragen!) inmitten von Olivenbäumen. Weit schweift von hier der Blick aufs Meer und über die Berghänge. Gut erhaltene Bodenmosaiken schmücken die Reste der dreischiffigen Säulenbasilika, ihres Baptisteriums und des Bischofspalastes. Unter den meist geometrischen Ornamenten fällt die Abbildung von Sandalen auf, ein frühes Symbol für Pilger.

Unrühmlich berühmt geworden – das Apsismosaik der Kirche Panagia Kanakaria in Boltaşli fiel in den 70er-Jahren des 20. Jh. einem spektakulären Kunstraub zum Opfer.

Dipkarpaz/Rizokarpaso wenige Kilometer weiter nördlich war schon in ›fränkischer‹ Zeit Bischofssitz, als die katholischen Lusignan die orthodoxen Bischöfe aufs Land verbannten. In der mittelalterlichen, mehrmals umgebauten *Kathedrale* des Ortes feiern die griechisch-orthodoxen Christen, die hier wie in einigen anderen Karpaz-Dörfern als Minderheit leben, ihre Gottesdienste.

Die Ruinen zweier frühchristlicher Kirchen, **Agios Philon** und **Aphendrika**, sind in arkadischer Landschaft nördlich von Dipkarpaz an der Küste zu besichtigen – und zwar an der Stelle der archäologisch noch unerforschten antiken Stadt *Karpasia*, die erst nach den Arabereinfällen im 9. Jh. aufgegeben wurde. Altes Gemäuer, Mosaikfragmente und Säulen, größtenteils bedeckt von Macchia und Geröll, vermitteln Ruinenromantik. An die Arabereinfälle erinnert in der Kirche Agios Philon der verschüttete Fluchtgang unter dem Altar, durch den Priester und Gläubige zum Meer entkommen konnten.

Von Dipkarpaz aus erreicht man nach ca. 20 km in südöstlicher Richtung auf einer Anhöhe über dem Meer das Kloster **Agios Andreas**, einst wichtigstes Wallfahrtsziel aller Zyprioten. Die Gründungslegende erzählt von der wundersamen Errettung einer fast verdursteten Schiffsmannschaft und ihres erblindeten Kapitäns durch den *Apostel Andreas*, der den Kurs zu einer Heilquelle an Zyperns Küste wies. Die Quelle und eine vom geheilten Kapitän gestiftete *Marienikone* zogen bis 1974 alljährlich am 12. April, dem zyprischen Andreasfest, Tausende von Gläubigen aus allen Teilen der Insel an. Erstmals 1999 durften dank bilateraler Verhandlungen wieder über 1000 Christen aus dem Inselsüden den Festtag in der Kirche feiern und in der dämmrigen *Brunnenkapelle* (15. Jh.) beten.

Das weitläufige Kloster, das in seiner heutigen Gestalt aus dem 19./20. Jh.

... unter den Mosaikornamenten der frühchristlichen Kirche Agia Trias in Sipahi

Zypriotisches Lourdes – das Andreaskloster auf der Karpaz-Halbinsel ist das bedeutendste Wallfahrtsziel für die christlichen Gläubigen der gesamten Insel …

stammt, wird nur noch von einem Popen und zwei Laienbrüdern bewohnt.

Draußen am gut 5 km entfernten **Kap Agios Andreas** soll einst ein Aphrodite-Tempel gestanden haben, auch hat man rund 8000 Jahre alte neolithische Siedlungsspuren gefunden.

Kilometerlang, breit und feinsandig erstreckt sich westlich des Andreas-Klosters unterhalb der Höhenstraße der wohl schönste Strand der Insel, **Golden Sands**. Die Ministerien haben den Wert dieser herrlichen unberührten Landschaft erkannt und die Einrichtung eines *Nationalparks* angekündigt. Nicht nur Zyperns Gäste und alle Naturfreunde, auch die Meeresschildkröten *(Caretta caretta)*, die hier brüten, werden dafür dankbar sein.

TOP TIPP

… die hier am Andreastag im April Kerzen vor der Marienikone anzünden können

Praktische Hinweise

Hotel

Blue Sea Hotel, Dipkarpaz, Tel. 3 72 23 93, Fax 3 72 22 55. An einer felsigen Meeresbucht, wenige Kilometer östlich von Dipkarpaz gelegen. Einfache Zimmer für all jene, die die Einsamkeit lieben.

Arch House, Dipkarpaz, Tel. 372 20 09, Fax 372 20 07. Musteranlage des sanften Tourismus, auch über dem namensgebenden Torbogen befindet sich ein Gästezimmer.

Restaurants

Golden Beach Bar und **Hasan's Turtle Beach** sind zwei Imbisspavillons mit schlichten Übernachtungshütten in den Dünen westlich vom Kap Agios Andreas. Kein elektrischer Strom, aber Duschen.

43 Kantara

Die östlichste der drei Bergfestungen im Norden Zyperns mit herrlichem Fernblick.

Reizvoller als die direkte Straße von Boğaz hinauf zur byzantinischen *Burg Kantara* ist die Strecke an der bewaldeten Nordflanke des Beşparmak-(Kyrenia)-Gebirges über Yeni Iskele und Ardahan mit großartigen Ausblicken übers Meer zum türkischen Taurus-Gebirge. Von der Sommerfrische Kantara kann man auch gut die 3 km durch den Wald zur Festung hinaufwandern.

Die **Höhenburg** (Apr.–Sep. 9–17 Uhr, Okt.–März 9–16 Uhr) aus dem 10. Jh. diente anfangs wohl vor allem als Ausguck und Signalstation zu den beiden Schwestern, dem viel kleineren Buffavento und dem fernen St. Hilarion [Nr. 45 und 47]. Um 1230 war dann das 630 m hoch gelegene Fort heiß umkämpft; hier gerieten die Truppen des Stauferkaisers *Friedrich II.* und des Lusignan-Königs *Henri* aneinander. Die Lusignan behielten die Herrschaft. Erst später unter den Venezianern verfiel Kantara.

Der einzige **Aufstieg** zur Burg führt vom Parkplatz aus steil an der Ostseite des Felsens hinauf. Von einem Vorhof unter der Hauptmauer erreicht man durch das Burgtor den *Zwinger* und mehrere Räume mit Schießscharten, die teils als Quartiere, teils als Vorratslager dienten. Erhalten sind hier eine große *Zisterne*, ein *Wachturm* und auch eine mittelalterliche *Latrine*. Geht man um die Felskuppe herum, so stößt man an der Westseite noch auf weitere Zisternen, die ein Mehrkammersystem mit Überlaufvorrichtungen aufweisen. Von hier aus erreicht man die oberste Plattform und damit den höchsten Punkt der Burg, genannt *Zimmer der Königin*. Sollte Ihre Majestät hier je gewohnt haben, so hatte sie den herrlichsten **Panoramablick** über die Hügellandschaft der Karpaz-Halbinsel im Osten bis hin zu den Bergkuppen des Beşparmak-Gebirges im Westen.

Ein Naturerlebnis ohnegleichen ist die Karpaz-Halbinsel …

… deren charakteristische Landmarke der Felsen mit der Festung Kantara ist

Die vielgestaltige Berglandschaft des Beşparmak, die heute noch immer so menschenleer ist wie zu Zeiten der Lusignan, lädt zu ausgedehnten **Wanderungen** ein. Will man sich nicht verlaufen, so sollte man sich mangels ausgeschilderter Pfade an die wenigen Erdstraßen halten oder einen Führer ausfindig machen.

Wahre **Wander-** und natürlich auch **Badeparadiese** sind die schönen Sandstrände an der Nordküste, u. a. beim Dorf *Kaplica*, das auch für seine Stickereien bekannt ist. An der Küste sieht man noch alte Lagerhäuser für Oliven und Johannisbrot und weiter landeinwärts, etwa 2 km außerhalb des Dorfes *Çinarlı*, kann man eine Höhle besichtigen (ausgeschildert ›Incırli Mağara‹, Schlüssel im Dorfcafé erfragen!).

i Praktische Hinweise

Hotel

****Kaplica**, Kaplica-Gazimağusa, Tel. 3 87 20 32, Fax 3 87 20 31. Direkt am Meer gelegenes Haus mit sechs einfachen, angenehm ausgestatteten Zimmern. Restaurant mit Meerblick und preisgünstigem frischen Fisch.

Restaurant

Kantara, Kantara, Tel. 3 88 23 70. Rustikal eingerichtetes großes Waldrestaurant, Garten mit prächtiger Seekiefer. Zypriotische und internationale Küche sowie köstliche Fruchteiskreationen.

HOTEL BRITISH
ERGENEKON HOTEL

Girne und der Nordwesten – zwischen Meer und Gebirge

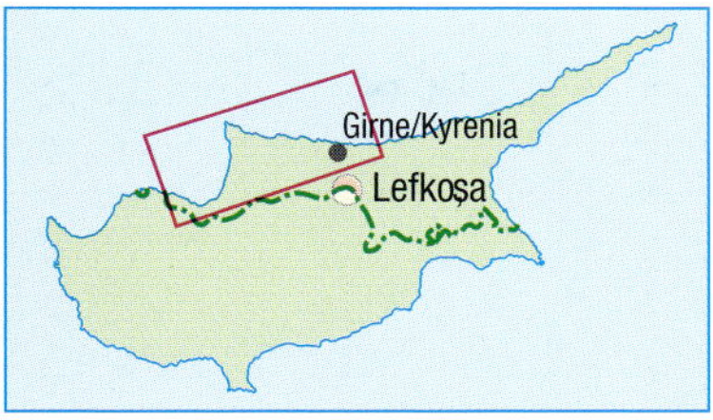

Reich gesegnet mit landschaftlichen Schönheiten und architektonischen Kostbarkeiten ist die Region westlich der Burg Kantara bis zum Golf von Güzelyurt (Morphou). Ritterromantik beispielsweise bieten die malerischen Burgruinen *Buffavento* und *St. Hilarion* auf den Höhen des **Beşparmak-Gebirges** (griech. Pentadaktylos = Fünffingerberg, auch Kyrenia-Gebirge genannt), dessen Gratumriss an die Knöchel einer Faust erinnert. Und **Girne**, eine der anmutig-heitersten Hafenorte des Mittelmeerraums, erfreut seine Besucher mit einem Bilderbuch-Fort und schönen *Badebuchten* im Osten und Westen. Eine arkadische Landschaft unter Öl- und Johannisbrotbäumen, daneben antike Ausgrabungen in **Soloi** und **Vuni** lassen die Herzen von Ruhe suchenden wie Bildungsbeflissenen höher schlagen. Höhepunkt der Kreuzrittergotik und Juwel Zyperns zwischen Rosen, Orangenbäumen und Palmen freilich ist die **Abtei Bellapais**, die auf hohem Steilabsturz thront.

44 Sourp Magar und Antifonitis

Eine armenische und eine griechisch-orthodoxe Klosterruine in Waldeinsamkeit.

Wer von Girne erst in Richtung Osten, dann südostwärts zum Kamm des Beşparmak fährt, diesem auf einer Nebenstraße am Hang weiter ostwärts folgt, kommt nach ca. 30 bzw. 12 km zur Forststation **Alevkaya** unter hohen Nadelbäumen mit Picknickplatz und Kiosk. Hier sollte man einen Blick ins *Herbarium* (Apr.–Sept. 9–13, Okt.–März 9–16 Uhr) werfen, in dem Fototafeln und gepresste Pflanzen den Naturfreund über die Vielfalt der Baumarten, aber auch über die nur auf Zypern vorkommenden Pflanzen (z. B. Goldeiche oder spezielle Orchideen) informieren.

Zum armenischen Kloster **Sourp Magar** steigt man von hier aus etwa 15 Min. durch ein wunderschönes Waldtal ab und wird sich dabei immer wieder am Anblick der Erdbeerbäume mit ihren rotbraunen Stämmen erfreuen.

Ursprünglich um das Jahr 1000 von Kopten gegründet, ging der Komplex 1425 in den Besitz armenischer Christen über. Nach Erdbeben und Wiederaufbau im 19. Jh., nach zeitweiliger Nutzung als Waisenhaus und nach Zerstörung in den 70er-Jahren des 20. Jh. stößt man heute im romantisch verwilderten *Klostergarten* auf lange vernachlässigte Ruinen und die ausgeräumte kleine Kirche. Jenseits der Klostermauer lädt eine Wiesenterrasse geradezu zum Picknick mit traumhaftem Fernblick übers Hügelland zum Meer ein.

Zum ehem. Kloster **Antifonitis** (Apr.–Sept. 9–13, Okt.–März 9–16 Uhr) fährt man von Sourp Magar und dem Herbarium in nordöstlicher Richtung weiter unter dem Kamm des Beşparmak-Gebirges entlang und biegt in einer Kurve oberhalb von Esentepe auf eine schmalere Erdstraße ab (ausgeschildert). Mitten auf einer hübschen Bergwiese steht die gut erhaltene kleine *Kirche* (12. Jh.), die jedoch gänzlich ihrer Einrichtung beraubt ist. Umso mehr beeindruckt die Architektur mit ihren kräftigen im Achteck stehenden Säulen, die die Kuppellast tragen. Diesen so seltenen byzantinischen Acht-Stützen-Typ findet man auf Zypern nur noch in der Burgkirche von St. Hilarion [Nr. 47].

◁ *Zwei Perlen im Nordwesten von Zypern – die Lusignan-Burg St. Hilarion und die malerische Altstadt von Girne*

Zu den älteren der schwer beschädigten *Fresken* aus dem 12. und 15. Jh. gehören die im streng feierlichen Stil gehaltenen Heiligendarstellungen an den Säulen und an den Bögen vor dem Altarraum. Das große ›Jüngste Gericht‹ (Nordwand) und die ›Wurzel Jesse‹ (Südwand) sind dagegen schon venezianisch-westlich geprägt mit bewegter Komposition und Architekturkulisse. Am besten erhalten ist der ›Pantokrator‹ in der Kuppel, unter deren Rund Engelfiguren in herrlichen Farben leuchten.

45 Buffavento

TOP TIPP *Die Burg, die dem Wind widersteht.*

Wer nicht wie einst die Ritter hoch zu Ross kommt, kann dieses grandios auf dem Gebirgskamm gelegene *Burggemäuer* (Apr.–Sep. 9–17, Okt.–März 9–16 Uhr) nur zu Fuß erklimmen, heute wie vor gut 800 Jahren, als Buffavento zum ersten Mal schriftlich erwähnt wurde. Der Anlass: Englands König Richard Löwenherz konnte die Burg, ›die dem Wind widersteht‹, 1191 kampflos einnehmen.

Die **Panoramastraße** von der Passhöhe am Beşparmak (auch mit dem Bus erreichbar) bis zu den Parkplätzen unterhalb der Festungsmauern bietet auf 7 km wunderbare Ausblicke auf die Mesaoria-Ebene und das Troodos-Gebirge. Bis zur Gipfelhöhe (954 m) steigt man jetzt vom

Oben: *Eine architektonische Rarität auf Zypern – byzantinischer Acht-Stützen-Typ der ehem. Klosterkirche von Antifonitis*
Unten: *Im Spiel von Licht und Schatten ist der Anblick der längst verfallenen Abtei von Bellapais besonders stimmungsvoll*

unteren Parkplatz 45 Min. durch diese stille Bergwelt hinauf, zuletzt steil durchs Burggelände von der Toranlage bis zum obersten Ausguck. Geländer sichern zwar dort die Treppen, dennoch ist Vorsicht geboten.

Das kleine Buffavento diente nicht als Wohn- oder Fluchtburg, sondern als **Signalposten** zwischen den beiden größeren Schwesterburgen Kantara und St. Hilarion [Nr. 43 und 47]. Die Lusignan-Herrscher sorgten für den Ausbau der Befestigungen. Das größte der gut restaurierten Gebäude aus behauenem Naturstein weist schöne **Rundbogenfenster** auf. Hier steht man an einem der großartigsten Aussichtspunkte Zyperns, blickt im Norden aufs Meer, im Süden noch einmal über die Mesaoria-Ebene bis zum Troodos-Gebirge.

46 Bellapais/Beylerbeyi

TOP TIPP *Orangengärten, Kreuzfahrergotik und der ›Baum des Müßiggangs‹.*

Bei der Anfahrt vom nur 6 km entfernten Girne rückt schon bald über der fruchtbaren Landschaft ganz malerisch der Steilabsturz mit der *Abtei Bellapais* (Schöner Friede) ins Blickfeld. Ringsum und bis hinab zur Küste grünen und blühen Bougainvilleen, Orangen- und Zitronenbäume, Oleander, Palmen und Mandelbäume paradiesisch um die Wette.

Schon in byzantinischer Zeit war der Ort vermutlich Sitz des orthodoxen *Bischofs* von Kyrenia (Girne). Nach den arabischen Siegen aus Palästina vertriebene christliche Orden fanden – als willkommene Bundesgenossen der katholischen Lusignan inmitten der griechisch-orthodoxen Bevölkerung – um 1200 auf Zypern eine neue Heimstatt.

In Bellapais waren es die *Augustiner*, später dann die *Prämonstratenser*. Diese übernahmen das 1205 gegründete Kloster ›Unserer Lieben Frau vom Berge‹ und wurden dank gestifteter Ländereien reich und mächtig. Im 16. Jh. allerdings verfielen die Gebäude – und die Sitten. Die Ordensherren lebten keineswegs mehr zölibatär, vergaßen Gelübde, Gebet und Gottesdienst. 1571 flohen sie vor den Osmanen; die Kirche wurde fortan für griechisch-orthodoxe Gottesdienste genutzt.

Der anglo-irische Dichter **Lawrence Durrell**, der in den 50er-Jahren des 20. Jh. zeitweise in Bellapais lebte, hat mit seinem 1957 erschienenen Buch ›Bittere Limonen‹ sicher einen Beitrag zur Wiederentdeckung der Abtei geleistet. Aber auch ohne seine Liebeserklärung wäre dieses einzigartige Gotik- und Gartenjuwel mit Palmen, Rosen und blühenden Sträuchern sicher nicht mehr lange Geheimtipp geblieben.

Der *Tree of Idleness*, der ›Baum des Müßiggangs‹, dessen Einfluss Durrell so hübsch beschreibt, steht bei den Tavernen vor der **Abtei** (Apr.–Sep. 9–17, Okt.–März 9–16 Uhr) und ist ein guter Ausgangspunkt für die Besichtigung des Klosterkomplexes. Übrigens – zwei Wirte konkurrieren hier um den Anspruch, den echten Baum zu besitzen.

An den zinnenbekrönten Resten der festungsartigen Toranlage vorbei, kommt man durch einen schönen Garten in die Vorhalle und dann in die um 1270 erbaute **Kirche** des Klosters. Ihr Inneres wirkt wegen der hohen geschnitzten Ikonostase vom Ende des 19. Jh., dem dunklen Holz und der vergleichsweise niedrigen und engen Seitenschiffe recht schwer, dunkel und geheimnisvoll.

Von einzigartiger Schönheit ist der spätgotische Kreuzgang des Klosters Bellapais

Festlich und imposant, in wahrhaft königlichen Dimensionen öffnet sich das **Refektorium** nördlich des Innenhofs mit dem Kreuzgang. Die steinerne Kanzel, von der während des Essens vorgelesen wurde, ist wie der Kreuzgang mit spätgotischem Maßwerk geschmückt. Unter dem schönen Kreuzrippengewölbe des Saals finden immer wieder äußerst stimmungsvolle Konzerte statt.

Zurück über den Innenhof mit seinen vier markanten Zypressen kommt man an der Ostseite des Kreuzgangs zur Ruine des **Kapitelsaals**, des einstigen Beratungsraums der Klosterherren. An den Konsolen der Kreuzrippen sind die einzigen noch einigermaßen erhaltenen mittelalterlichen Bildwerke des Klosters zu bewundern. U. a. sieht man Odysseus zwischen den Sirenen, einen Affen und eine Katze, eine lesende Frau und einen kämpfenden Mann.

Durrell-Spurensucher, denen die Straße neben dem Hotel ›Tree of Idleness‹ hinauf nicht zu steil ist, stoßen kurz vor dem Dorfende auf das Haus mit der Erinnerungstafel. Schlagen Sie nach bei Durrell: Es lohnt sich, in ›Bittere Limonen‹ über den hindernisreichen Immobilienkauf nachzulesen. Ein Bericht, der bis heute kaum an Aktualität verloren hat!

Übrigens: Gute Wandertipps für diese Gegend verrät der Besitzer von ›Bellapais Gardens‹ (s. u.).

Praktische Hinweise

Hotels

TOP TIPP ****Bellapais Gardens**, Crusader Road, Bellapais, Tel. 8 15 60 66, Fax 8 15 76 67, www.bellapaisgardens.com. Direkt bei der Abtei stehen die acht hellen Bungalows mit Klimaanlage und z. T. Kitchenette in einem prachtvollen Garten mit großartiger Aussicht, Swimmingpool und lobenswertem Restaurant, das gute zyprische Küche offeriert. Der Besitzer spricht Deutsch.

Altınkaya Holiday Complex, Ozanköy, unterhalb von Bellapais, P. O. Box 705, Girne, Tel. 8 15 50 01, Fax 8 15 50 03, www.altinkaya-cyprus.com. Alle Bungalows verfügen über Küchenzeile, TV und Klimaanlage. Zwei Swimmingpools und ein gutes Fischspezialitäten-Restaurant gehören zur Anlage. Minibus-Service zum Strand und nach Girne.

***Abbey Inn Hotel (Huzur Ağaç), im Dorf nahe der Abtei, Tel. 8 15 94 44, Fax 8 15 94 46. Die einstöckige Anlage um einen Swimmingpool hat 12 kleinere Zimmer mit Satelliten-TV und Mini-Küche.

Restaurants

Kybele, im stilvoll hergerichteten Wirtschaftstrakt der Abtei, Tel. 8 15 75 31. Gepflegter Garten mit bestem Blick auf die Arkaden und die vier Zypressen im Kreuzgang, die nachts effektvoll angeleuchtet werden. Zyprische Spezialitäten, guter Service, ausgezeichnetes Preis-Leistungs-Verhältnis.

The Abbey Bell Tower (Kabaklı), am Ende der Dorfstraße gegenüber der Abtei. Lokal mit Dachgarten und origineller rustikaler Dekoration, zyprische Küche von Snacks bis zur *Full Mese*.

Idyll mit Ziegen – auch das ist ein Mosaiksteinchen im Zypern-Bild

47 St. Hilarion

TOP TIPP *Besterhaltene der drei mittelalterlichen Burgen im Norden Zyperns.*

Man muss schon genau hinsehen, um die Burgruine St. Hilarion (Apr.–Sep. 9–17, Okt.–März 9–16 Uhr) unter ihrem Zwillingsgipfel, Didymoi, auf Anhieb zu erkennen, so felsgrau ist sie. Die Anfahrt dorthin erfolgt über die Straße Girne–Lefkoşa, wo man kurz hinter der Passhöhe rechts abzweigen muss, die Strecke ist ausgeschildert.

Im 8./9. Jh. entstand St. Hilarion in Höhenlage als schwer zugängliches *Kloster* und wurde, so heißt es, nach dem Asketen *Hilarion von Gaza*, der 371 bei Paphos starb, benannt. Die Byzantiner ließen dann den Platz im 11. Jh. gegen Pirateneinfälle vom Meer her befestigen. Mit den Burgen Kantara und Buffavento [Nr. 43 und 45] bestand seitdem Sicht- und Signalverbindung. Nach wechselvollem Schicksal – Neubau ab 1226 unter dem fränkischen Ritter Philip d'Ibelin, Eroberung durch die Truppen des Barbarossa-Enkels, des Kaisers Friedrich II., Nutzung als Sommerresidenz durch die Lusignan-Könige – schleiften die Venezianer nach 1489 die Burg bis auf die Grundmauern, aus Angst, sie könne als Hort aufrührerischer Adliger dienen.

Die *strategische Lage* machten sich dann nach 1963 türkisch-zyprische Widerstandskämpfer zunutze, als diese von hier oben aus die Straße Girne–Lefkoşa kontrollierten. Bis heute ist am Fuße des Berges Militär stationiert.

Obwohl die steilen Wege und Treppen zur Burg durch Geländer gut gesichert sind, ist Vorsicht geboten. Zudem empfiehlt es sich, Proviant mitzunehmen, auch wenn es ein kleines Burg-Café gibt, das Getränke anbietet.

Zunächst läuft man durch die **Unterburg**, die einst hinter ihren starken Mauern mit halbrunden Bastionen Verteidiger, Pferde und Schlachtvieh barg. Gleich rechts hinter dem Tor stößt man auf die Ruine der großen **Kirche** aus dem 10. Jh., die, wie jene des Antifonitis-Klosters, beispielhaft für den auf Zypern so seltenen byzantinischen Acht-Stützen-Typ [s. S. 111] ist. An der Nordseite des Felsens kann man sich hoch über dem Abgrund in *Gängen* mit Schießscharten sowie einer *Halle* mit Spitzgiebel und in Wohnräumen ergehen. Vorbei an einer großen Zisterne führt der Treppenweg jetzt zur **Oberburg** am 732 m hohen Doppelgipfel. Hinter dem Torgewölbe und den hoch aufragenden Mauern befand sich ein im Belagerungsfall autarkes Areal mit Wirtschaftsräumen und Wohngemächern. Von zwei mit Steinbänken ausgestatteten Fensternischen – jene mit gotischem Maßwerk wird *Fenster der Königin* genannt – bietet sich eine grandiose *Aus-*

Girne: Bilderbuchhafen mit dem steil aufragenden Beşparmak-Gebirge im Hintergrund ▷

sicht über Nordzypern und das Meer, oft sogar bis zur türkischen Küste. Den ganz großen Panoramablick hat man freilich erst vom **Gipfel**, der den Felskessel und den senkrechten Absturz nach Süden überragt.

Beim Abstieg von der Oberburg kann man noch dem rechts abzweigenden Treppenweg zum **Prinz-Jean-Turm** folgen, einem gleichfalls fantastischen Aussichtspunkt. An dieser Stelle, so heißt es, hatte Jean von Antiochia, Anwärter auf den Thron der Lusignan, 1375 auf Anraten seiner intriganten Gefolgsleute aus lauter Misstrauen seine eigene Leibwache hinabstürzen lassen, worauf die Berater den nun Schutzlosen ermordeten.

In dieser Gegend lässt sich – wenn es nicht zu heiß ist – wunderbar wandern, z. B. auf dem *Höhenweg* (Abzweigung vor der Burg) zum 888 m hohen Prophitis Elias oder hinab zum Dorf Karaman [s. S. 119].

48 Girne/Kyrenia

Zyperns schönste Altstadt und ein Bilderbuch-Fort.

Restauranttische auf den Kaimauern, blaugrünes Meer, gepflegte alte Häuser an der Uferstraße, Bootsmasten und bunte Markisen, seitlich die mächtigen Burgmauern – eine mediterrane Urlaubsszenerie, wie sie im Buche steht. Girne, nur 30 Min. per Auto von der Hauptstadt Lefkoşa und vom Flughafen Ercan entfernt, ist gerade deshalb ein so attraktives **Touristenzentrum** geworden, weil es sich bis heute den nostalgischen Charme eines alten Handels- und Fischerhafens bewahrt hat. Und im Auf und Ab der Gassen über dem *Hafen* behaupten sich neben Restaurants und kleinen Hotels auch immer noch die malerischen kleinen Läden, in denen die Einheimischen für ihren täglichen Bedarf einkaufen.

Um dieses Herzstück der Stadt legen sich die weißen Neubauviertel mit Apartmenthäusern, Banken und Wohnsiedlungen und an der Küste reihen sich vor allem in Richtung Westen die Badehotels. Schöne Strände und Buchten liegen in etwa 10–15 km Entfernung.

Geschichte Schon in der Jungsteinzeit war das hügelige Küstengebiet besiedelt; eine informativ aufbereitete Dauerausstellung im Fort (s. u.) zeigt besonders eindrucksvoll, wie die Menschen, die vermutlich aus Kleinasien stammten, damals lebten. In der Bronzezeit folgten griechische Einwanderer, dann kamen Phönizier. *Kyrenia* hieß das Stadtkönigtum, das im 6.–4. Jh. v. Chr. in Blüte stand, dann aber 312 v. Chr. von Salamis eingenommen wurde. Spuren zeugen bereits für diese Zeit von einer Burganlage. Die Römer legten östlich der Burg einen größeren Hafen an, dessen Mauerreste im Wasser von den Bastionen aus noch erkennbar sind.

Seit dem 4. Jh. n. Chr. war Kyrenia byzantinischer **Bischofssitz** und wurde befestigt. Die fränkischen Lusignan-Herrscher bauten sowohl die Burg wie auch St. Hilarion [Nr. 47] im Gebirge aus. Immer wieder umkämpft, verwandelte sich der Komplex unter den Venezianern nach 1489 in eine typische **Festung** des Spätmittelalters. Auf der Landseite wurde das Fort mit so starken Aufschüttungen von Sand und Gestein gegen Artilleriebeschuss gesichert, dass die fränkischen Mauern darunter heute nicht mehr erkennbar sind. Fast 40 m breit ist diese *Wallzone*. Auf die Probe wurde sie nicht

gestellt: Als das osmanische Heer nach langer Belagerung Famagusta 1571 eingenommen hatte, kapitulierte der Burghauptmann in Kyrenia. Unter britischer Herrschaft diente das Fort dann als Gefängnis und Polizeiakademie. Aus ihrem langen Schlummer geweckt wurden die alten Mauern erst wieder 1960, als sich Restauratoren und Museumsgestalter ans Werk machten. Damals wurde Girne auch für *Urlauber* interessanter. Den Anfang machten britische Touristen. Manche kamen, weil sich Veteranen der ehem. britischen Verwaltung hier Ferien- und Alterssitze gekauft hatten und für den Ort warben.

Nach 1974 wurde im Osten der jetzt türkisch-zypriotischen Stadt ein **Hafenbecken** für die Fährschiffe in die Türkei und für Frachtschiffe ausgebaut. Neuerdings gibt es in einigen Hotels Spielkasinos; Feinschmecker haben die Wahl unter mehreren Adressen mit großem gastronomischen Ehrgeiz.

Besichtigung Hauptsehenswürdigkeit von Girne ist natürlich die **Hafenburg** mit ihren *Ausstellungen* (Apr.–Sep. 9–17, Okt.–März 9–16 Uhr). Über einen breiten Graben gelangt man zunächst in ein weitläufiges, verwinkeltes Torgemäuer mit aufsteigenden Rampen. Ein schmaler Tunnel führt links zur byzantinischen *St.-Georg-Kapelle* aus dem 12. Jh., einem kleinen hohen Andachtsraum von edler Säulenarchitektur mit korinthischen Kapitellen und gotischem Portal. Ursprünglich außerhalb der Ummauerung gelegen, wurde das kleine Gotteshaus in venezianischer Zeit in die Burg integriert und ausgeräumt.

Top Tipp

Wieder zurück im *Torbau*, sieht man dort in einer Nische den mit einem grünen Tuch bedeckten Sarkophag des türkischen Admirals Sadik Paşa, der 1570 vor Kyrenia umkam. Schilder weisen vom Burghof aus den Weg zu den verschiedenen Ausstellungen sowie zu den teils unterirdischen Räumen der **Südwestbastion**. Dort wird im *Venezianischen Turm* mit lebensnah kostümierten Puppen das Leben der Wachmannschaften in der Burg nachgestellt. So sieht man beispielsweise Männer beim Pulverauswiegen oder an den Kanonen. Besonders spektakulär ist das **Shipwreck Museum** (Schiffswrackmuseum), in dem das 1968/ 69 vor Kyrenias Küste geborgene *antike Frachtschiff* im Original und in einer detailgetreuen Rekonstruktion zu bestaunen ist. Hervor-

Hier haben die Restauratoren ihr Bestes gegeben – die mittelalterliche Burg von Girne mit ihren bemerkenswerten Ausstellungen erstrahlt in neuem Glanz

ragende Fotos zeigen die Unterwasserarchäologen in Aktion. Wie das mit Wein, Olivenöl und Mandeln beladene, über 14 m lange Schiff konstruiert war, wie gut sich spitz zulaufende Amphoren stapeln ließen oder wie sich die Seeleute ernährten – all das ist hier 2300 Jahre nach dem Schiffsuntergang hervorragend dokumentiert.

Ähnlich eindrucksvoll ist nebenan die Ausstellung der hellenistischen und byzantinischen Funde aus *Agia Irini* und der steinzeitlichen Exponate aus Felsgräbern, die erst in den 80er- und 90er-Jahren des 20. Jh. in *Vrysi*, östlich von Girne, entdeckt wurden.

Von einem antiken Frachtschiff stammen die Amphoren im Shipwreck Museum

In dem Häuser-Halbkreis um den alten Hafen, von dem aus immer wieder Wege in die Altstadt führen, öffnet sich einige Stufen über dem Kai die alte Pforte zum **Volkskunde-Museum** (wegen Restaurierung auf unbestimmte Zeit geschl.). Zu den Glanzlichtern der Sammlung zählen eine urige Weinpresse, die aus Dionysos' Haushalt stammen könnte, Stickereien, ein Hochbett aus Holz mit schönen Schnitzereien und Trachten aus dem 18. und 19. Jh.

Ganz im Westen des Hafenrunds steigt man zwischen den Hotels *Ergenekon* und *British* über eine Gasse zur Anhöhe mit der **Erzengel-Michael-Kirche** (Agiou Archangelou), die 1860–75 noch unter Sultansherrschaft erbaut wurde und heute ein *Ikonenmuseum* (Mo–Fr 9–14 Uhr) beherbergt. Die Sammlung enthält künstlerisch eher unbedeutende Werke des 19. Jh., interessant ist jedoch der Vergleich der verschiedenen Fassungen desselben Sujets.

Ein weithin sichtbarer Orientierungspunkt im Straßenzug oberhalb des Hafens ist das Minarett der **Cafer-Paşa-Moschee**. Die Hauptmoschee der Stadt datiert aus dem 19. Jh., während ihre schöne Säulenvorhalle noch aus einem alten Gebäude des 17. Jh. stammt. An den Namensgeber und seine abenteuerliche Lebensgeschichte erinnert eine Tafel neben dem Eingang. Nur so viel: Als junger Christ im 16. Jh. in osmanische Sklaverei geraten, avancierte Cafer Paşa zum Kapitän und schließlich zum Gouverneur Zyperns.

In sehr persönlicher Atmosphäre zeigt das **Museum der Schönen Künste** (Mo–Fr 9–14 Uhr) die Sammlung eines reichen Privatmanns, der sich 1933 über der damals noch einsamen Meeresküste westlich der Stadt eine stolze *Villa* errichten und sie mit Gemälden des 19./20. Jh., mit ostasiatischen Möbeln, Porzellan und kostbaren Seidenmalereien ausstatten ließ. Seine große Leidenschaft galt jedoch – wie man sieht – chinesischen Elfenbeinreliefs. Zu erreichen ist es vom *Dome Hotel* aus in einem etwa halbstündigen Fußmarsch in westlicher Richtung über die Hürriyet Caddesi, dann rechts (ausgeschildert).

Ausflüge

Europäerdorf nennen die Bewohner von Girne die gut 20 Min. per Auto (gen Westen) entfernte zauberhafte Ortschaft **Karaman/Karmi** am Beşparmak-Gebirge. Und das aus gutem Grund: 1974 wurde der bereits halb verfallene Ort von den letzten griechischen Bewohnern verlassen. Ausländische Pächter, vorwiegend Deutsche und Engländer, haben sich dann um die Wiederherstellung der Gebäude im traditionellen Stil bemüht. Manche der Häuser werden im Sommer vermietet. Zu dieser Zeit leuchtet üppige Blumenpracht in den wilden Gärten an den Felshängen zwischen Kiefern, Mandel- und Pflaumenbäumen. Und immer wieder eröffnen sich malerische Ausblicke hinüber zum Burgberg von St. Hilarion.

Östlich der Zufahrtsstraße zum Meer ist auch eine archäologische Stätte aus Zyperns früher und mittlerer Bronzezeit ausgeschildert, eine **Nekropole** mit Felsgräbern. Sehenswert rechts des Eingangs von Grab Nr. 6, das zum Schutz mit einem Steinhaus überbaut wurde, ist die außerordentlich seltene *Reliefplatte* mit einer

Allen christlichen Heiligen dieser Welt begegnet man im Ikonenmuseum der Erzengel-Michael-Kirche

stehenden Figur, bei der es sich möglicherweise um einen Wächter handelt.

Westlich von Girne erstreckt sich entlang der Küstenebene fruchtbares Bauernland mit vielen schönen Strandbuchten. Olivenbäume und Felder umgeben noch so manche Hotelanlage bei den Dörfern Lapta und Alsancak. Die nahe **Lapta** zu Füßen des Gebirges gemachten archäologischen Funde reichen bis ins Neolithikum zurück. Achäer oder Phönizier werden als Gründer der Stadt *Lapithos* vermutet. Bei **Alsancak** wiederum wurden Überreste des antiken *Lambousa* entdeckt, das im 8. Jh. v. Chr. zu den zyprischen Stadtkönigtümern zählte. Da das Gebiet aber seit den 70er-Jahren des 20. Jh. Militärzone ist, kann man nur die außerhalb der Umzäunung (d. h. westlich vom Hotel *Mare Monte*) gelegenen Felskammer- und Schachtgräber sowie ein aus dem Uferfelsen gemeißeltes Fischbecken als Zeugnis des Alltagslebens besichtigen.

Zum Gedenken an die türkische Militärintervention vom 20. Juli 1974 wurde über der Küste oberhalb von Alsancak das *Karaoğlanoğlu Monument*, eine überlebensgroße Bronzegruppe von Soldaten, errichtet. Wenige hundert Meter weiter westlich erhebt sich über der wunderschönen Badebucht **Sunset Beach** ein noch größeres Denkmal als Symbol der erfolgreichen Landung der Türken.

i Praktische Hinweise

Information

Tourismus Information, am alten Hafen, Tel. 8 15 21 45

Schiff

Fährverbindungen mit Alanya und Silifke/Taşucu an der türkischen Südküste (mit Fährschiff 7,5 Std., mit Luftkissenboot Kibris Express 2,5 Std.). Auskunft: Ergün Denizcilik, 5 M Çağatay Caddesi, Tel. 8 15 23 08.

Strände

Acapulco Beach, 10 km östlich der Stadt. Feinsandiger Strand.

Lara Beach, 12 km östlich von Girne. Sandig, Hügel im Hintergrund, Cafeteria und Sanitäranlagen.

Twelve Mile Beach, 16 km östlich von Girne. Zwei Buchten mit Sanddünen, flaches Wasser.

Achtung: Die beiden Strände sind Schildkrötenbrutgebiete, Besucher sollen nicht graben und nicht nach der Dämmerung an den Strand gehen.

Sunset Beach, 8 km westlich von Girne. Sandstrand mit Schirmverleih und einem Restaurant.

Einkaufen

Dizayn 74, Temmuz Caddesi (Ausfallstraße nach Güzelyurt, nahe der Ortsausfahrt), Tel. 8 15 25 07. Größtes Keramikgeschäft Nordzyperns.

Green Jacket Bookshop, Temmuz Caddesi 20, Tel. 8 15 71 30. Buchhandlung mit vielen englisch-, aber auch deutschsprachigen Titeln im Sortiment. Speziell: Wanderführer sowie Kunst und Kunsthandwerk.

Ferienhäuser

Karmi Service Center, Brigitte Wieschollek, P. O. Box 350, Girne, Nordzypern, Mersin 10, Türkei, Tel./Fax 8 22 25 68. Vermittlung von rund 20 Privathäusern in Karaman.

Hotels

******Club Z**, Mustafa Çağatay Leoforos, Girne, Tel. 8 15 15 49, Fax 8 15 18 38, www.hotelclubz.com. Die 1998 eröffnete Anlage am Stadtrand mit Gebirgsblick (10 Min. zu Fuß ins Zentrum) verfügt auch über Studios, Suiten und Mini-Villen für Familien. Swimmingpool, Fitnessraum, Restaurant und Bar.

******Dedeman Resort Olive Tree**, 8 km östlich von Girne. Girne, Nordzypern, Mersin 10, Türkei, Tel. 8 24 42 00, Fax 8 24 42 09, www.dedemanhotels.com. Wer Ruhe liebt und trotzdem den Komfort einer großen Hotelkette (u. a. Swimmingpool, Tennisanlage, 4 Bars) genießen will, der reserviere ein Zimmer am Rand der Anlage. Shuttle-Bus nach Girne.

******Dome**, Kordon Boyu Sokak, Girne, Tel. 8 15 24 53, Fax 8 15 27 72, www.domehotelcyprus.com. Das stilvolle Haus aus dem frühen 20. Jh. direkt am Meer bietet einen Salz- und Süßwasser-Swimmingpool, ein Restaurant und diverse Bars.

******Holiday Village Acapulco**, 10 km östlich von Girne, Tel. 824 41 10, Fax 8 24 44 55, www.acapulco.com.tr. Schlichte Zimmer in älteren Bungalows, bessere im Hauptgebäude; schöner Garten, Tennisanlage, Surf- und Wasser-

Hier ist der Gast König – stilvolle Eleganz und perfekten Urlaubskomfort verspricht das Vier-Sterne-Hotel Dome in Girne

skimöglichkeiten. Die felsgerahmte Bucht, die als bester Badestrand in Stadtnähe gilt, ist auch für Nicht-Hotelgäste zugänglich und deshalb in der Hochsaison stark frequentiert. In der Saison Bus-Shuttle nach Girne.

*****Mare Monte**, Alsancak, Tel. 8 21 83 10, Fax 8 21 88 87. Attraktive Anlage mit Park über schmalem Strand. Zimmer mit Klimaanlage, hinzu kommen Tennisplatz, Swimmingpool und türkisches Bad.

*****Pia Bella**, 14 Iskenderun Caddesi, Tel. 8 15 53 21, Fax 8 15 53 24, www.piabella.com. Komfortables Hotel mit großem Pool. Der Hafen von Grine ist nur einige Minuten zu Fuß entfernt. Stark von Briten frequentiert.

****Green Coast**, Alsancak, Tel. 8 21 12 12, Fax 8 21 12 13, www.greencoastholiday.com. Ferienanlage bei einer Strandbucht (Sandaufschüttung) mit Restaurant, von Feldern gerahmt vor der Gebirgskulissse. Zimmer mit Kühlschrank, TV und Balkon.

Restaurants

TOP TIPP **Le Jardin**, etwa 5 km östlich von Girne an der Küstenstraße beim Dorf Karakum (Abzweigung rechts ausgeschildert), Tel. 8 24 43 98. Eine der besten Küchen Zyperns (z. B. geröstete Barberie-Ente mit Orange und Brandy Sour, hausgemachtes Walnuss-Honig-Parfait oder Schokoladen-Mousse mit Amaretto und Bacardi) kann sich das ländlich-elegant eingerichtete Lokal mit Glasveranda und üppigem Garten rühmen. Das Preisniveau ist deutlich unter dem europäischer Gourmet-Tempel. Reservieren! (9–15 und ab 18 Uhr, montags erst ab 18 Uhr)

Levant, Karaman, wenige Schritte unterhalb der Dorfkirche, Tel. 8 22 25 59. In gepflegtem Antik-Ambiente wird gehobene zypriotische und internationale Küche serviert (Mi–Mo ab 19 Uhr).

Niazi's, Kordon Boyu Caddesi (gegenüber dem Dome-Hotel), Girne, Tel. 8 15 21 60. Das seit 1949 existierende rustikal eingerichtete Restaurant ist bei Einheimischen wie Besuchern sehr beliebt und bietet eine gute Auswahl an Grillgerichten.

Saint Tropez, Alsancak, Tel. 8 21 83 24 und 8 21 80 72. In diesem *Restaurant français* mit Terrasse über dem Meer kann man sich an Muscheln à la Bourguignon oder Lamm à la Provençale delektieren. Angeschlossen ist auch ein Grillrestaurant.

TOP TIPP **Set**, in der Altstadt von Girne oberhalb des Hafens, Tel. 8 15 15 49. Das beste Essen der Stadt zu erschwinglichen Preisen und mit bestem Service genießt man in romantischem Garten- und Ruinenambiente.

The Address Restaurant, Karaoğlanoğlu, Tel. 8 22 35 37. Direkt am Meer, mit ausgezeichneter einheimischer Küche.

Treasure, Karaman, ausgeschildert an der Auffahrt zur Dorfmitte, Tel. 8 22 24 00. Mit Terrasse, Garten und weitem Ausblick, ein wahrer Schatz für Leute mit Sinn für originelles Ambiente und gutes, internationales Essen (Mo geschl.).

49 Korucam/Kormakiti

Dorf der Maroniten.

Traumhaft schön hoch über dem Meer verläuft die Panoramastraße im äußersten Nordwesten Zyperns in Richtung Kap Korucam. Einsamkeit und Macchie prägen hier die Landschaft. Doch plötzlich findet man sich inmitten eines baumgrünen Tals in dem hübschen Dörflein **Kayalar/Orga** wieder, dessen einfache Bauernhäuser und Villen von traumhaften Gärten umgeben sind. Und für die Weiterfahrt kann man sich hier mit Getränken und einem Imbiss versorgen.

Die letzte Siedlung vor dem Kap, **Sadrazamköy** auf der windumtosten Spitze der Halbinsel, besteht hingegen nur aus ein paar dürftigen, von türkischen Einwanderern bewohnten Häusern.

Fast wie eine Parklandschaft wirkt dann südöstlich hinter dem Hügelkamm das weite fruchtbare Tal mit seinen zahlreichen Oliven- und Johannisbrotbäumen vor der Kulisse der Beşparmak-Ausläufer. Schon von Weitem sticht das hohe Turmpaar der Kirche von **Korucam** ins Auge. Das für dieses Dorf riesig wirkende *Gotteshaus* (tgl. 8–10 und 14–17 Uhr, andernfalls frage man in einem der Gasthäuser am Kirchplatz nach) stammt aus dem 19. Jh. Im hohen lichtblau bemalten Innenraum – auffallend ist das seltene Motiv der stillenden Maria links vorne – steht keine Ikonostase, da es sich nicht um eine griechisch-orthodoxe, sondern um eine maronitische Gemeinde handelt. Heute leben nur noch einige Hundert maronitische Christen in Korucam, mit denen in den Nachbardörfern beträgt die Zahl aber wohl 2000. Zu ihrer Versorgung tragen Einheiten der UNO-Truppen bei.

50 Güzelyurt/Morphou

Die Kirche des hl. Mamas und ein kleines, aber feines Museum.

Wer zur Erntezeit von Girne nach Güzelyurt im Westen der Mesaoria-Ebene fährt, dem werden immer wieder entgegenkommende, bis oben mit *Zitrusfrüchten* beladene Laster auffallen. Sie sind unterwegs zur Fähre nach Mersin in der Türkei, wo das Obst verarbeitet wird – nicht gerade zur Freude der Zyprioten, die Arbeitsplätze und den Veredelungsgewinn einbüßen.

Im Ort selbst sollte man zunächst der **Klosterkirche des hl. Mamas**, des Schutzpatrons der Hirten, Tiere und Steuersün-

Allein in grandioser Natur – wer Einsamkeit, Ruhe und ursprüngliche Landschaft sucht, der ist auf der Korucam-Halbinsel bestens aufgehoben

Vitamine am laufenden Band – in der Fabrik von Güzelyurt sortieren Frauen die in der Region geernteten Zitrusfrüchte

der [s. S. 124], einen Besuch abstatten. Hier kann man den Sarkophag des Heiligen, silberne Votivgaben und Mamas-Darstellungen sowie die nach 1974 hier zusammengetragenen Ikonen betrachten.

Zwar stammt das Gotteshaus erst aus dem 18. Jh., doch vom Vorgängerbau stammen die *Kapitelle* einiger Säulen mit gotischem Blattwerk und Menschenköpfen sowie der hohe Bischofsstuhl mit den Figuren von Adam und Eva.

Das kleine **Museum Güzelyurt** (tgl. 9–19 Uhr) im einstigen Amtssitz des Bischofs informiert im Erdgeschoss über Geologie, Flora und Fauna der Region. Recht skurril muten hier die präparierten großen Meeresschildkröten an.

Die *archäologische Sammlung* im Obergeschoss zeigt wertvolle Funde von der Steinzeit bis zur griechischen Antike, z. B. das Idol einer weiblichen nährenden Gottheit mit großen Ohrringen (Raum 1, mittlere Bronzezeit) oder eine römische Artemis-Statuette mit vielen Brüsten (oder Stierhoden) nach dem Vorbild der Artemis von Ephesos (Raum 5). Erst 1980 wurde die kostbare Figur von einem Urlauber bei Salamis aus dem Meer geborgen.

Ausflug

Ein Abstecher auf dem Weg zurück nach Girne führt in die späte Bronzezeit, zum Heiligtum von **Myrthou-Pighades** (bei Çamlibel 2,5 km Richtung Lefkoşa fahren, an der Abzweigung Hisarköy vorbei noch ca. 500 m weiter und dann rechts in eine schmale Erdstraße einbiegen). In einem Ring von Zypressen steht dort ein rekonstruierter *Steinaltar* mit der erstaunlich formvollendet abstrahierten Darstellung eines Stierschädels. Das Original, von dem Teile erhalten blieben, entstand um 1300 v. Chr. Es erinnert an den Stierkult der Minoer und an den Minotaurus.

i Praktische Hinweise

Restaurant

Mümtaz Aile Gazinosu, Gaziveren (von Güzelyurt aus kurz vor dem Ortsschild), Tel. 7 23 71 41. Einfache Taverne, in deren Orangengarten die Früchte für den frisch gepressten Saft vor den Augen der Gäste vom Baum geholt werden.

51 Gemikonağı/ Karovostasi und Soloi/Soli

Antike Kupferstadt mit reichen Mosaiken aus frühchristlicher Zeit.

Die fruchtbare, von Zitrusplantagen geprägte Landschaft westlich von Güzelyurt reicht bis zum Meer bei **Gemikonağı**. Dort erinnern rostbraune Berge von Metallschrott, stillgelegte Aufbereitungsanlagen und eine rund 500 m weit ins Meer reichende Verladerampe an die bis 1974 hier ansässige *Kupferproduktion*. Im

Lammfrommer Löwe – ein etwas ungewöhnliches Reittier hat sich der hl. Mamas als Begleiter gewählt

Der Heilige, der keine Steuern zahlte

An der Nordwand der Kirche von **Güzelyurt** steht ein leerer, schmuckloser Sarkophag, den die Wogen des Meeres angeschwemmt haben sollen. Angeblich barg er die Gebeine des legendären **hl. Mamas**, der nach antiker Überlieferung in Gangra (Paphlagonien) an der Schwarzmeerküste geboren wurde und 275 den **Märtyrertod** erlitt.

Da Mamas als Einsiedler ohne Ertrag und Einkommen lebte, lehnte er es ab, die übliche **Kopfsteuer** zu zahlen. Aus diesem Grund wurde er vor das Gericht des Statthalters zitiert. Auf dem Weg durch die Wildnis in die Stadt traf er einen **Löwen**, der gerade dabei war, ein **Lamm** zu töten. Mamas rettete das Lamm, beruhigte den Löwen und setzte sich auf dessen Rücken. So erschien er in der Stadt, erweckte bei Volk und Statthalter so viel Bewunderung und Schrecken, dass ihm die Steuern erlassen wurden. Fortan galt er als **Patron der Steuersünder**. Aber nicht nur das. Auf vielen Bildern ist besagter Löwe als Markuslöwe, also als venezianisches Wappentier dargestellt. So wird der Löwenritt des Mamas von vielen Zyprioten als Symbol der Befreiung von venezianischer Herrschaft gedeutet, und das gerettete Schaf steht für das zypriotische Volk.

Tagebau beim nahen Lefke und in unterseeischen Stollen, so heißt es, wurde im 20. Jh. binnen 50 Jahren mehr Kupfererz abgebaut als auf ganz Zypern in den fünf Jahrtausenden zuvor.

Durch Kupfergewinnung und Kupferhandel war auch **Soloi** (Soli), eines der antiken Stadtkönigtümer Zyperns, reich geworden. Von der Uferstraße bei den Verladeanlagen folgt man der Ausschilderung *Soli Harabeleri* (Ruinen von Soli, tgl. 9–13, 14–16.45 Uhr). Die **Ausgrabungen** haben bislang eine Agora, ein Theater und prächtige farbige Mosaikfußböden der frühchristlichen *Basilika* zutage gebracht. Immer noch wunderschön sind hier die Reste von Rankenwerk und Tierdarstellungen – Delphine, Schwan und Ente –, Motive, wie man sie aus älteren römischen Thermenanlagen kennt. Münzfunden zufolge stammt die Basilika aus der 2. Hälfte des 4. Jh. und war mit ihren drei Apsiden neben der Johannes-Basilika von Kourion und der Epiphanias-Basilika von Salamis eines der größten Gotteshäuser Zyperns. Im Mittelalter entstand an gleicher Stelle – 60 bis 80 cm über dem alten Mosaikniveau – eine Kapelle mit Ziegelfußboden.

Im rekonstruierten römischen *Theater* aus dem 2. Jh. oberhalb der Reste der antiken Stadt werden heute u. a. die UNO-Truppen aus der grenznahen Pufferzone begrüßt und verabschiedet. Lohnend ist von hier aus der Blick aufs Meer!

In den Ruinen des im 7. Jh. von Arabern zerstörten Soli fand ein Bauer im 20. Jh. jene **Aphrodite von Soli** aus dem 1. Jh., die seither zahllose Zypern-Publikationen schmückt und heute im Zypern-Museum in Lefkosia [s. S. 25] zu bewundern ist.

Reizvoll ist auch ein Abstecher ins nahe Dorf **Lefke**, das sich in einem fruchtbaren Tal ausbreitet. Über altem Mauerwerk und Häusern mit den typischen türkischen Erkervorbauten erheben sich malerisch Dattelpalmen. Wer noch weiter fährt, trifft wieder auf die vom Kupfererzabbau bis in die Tiefe aufgerissenen Bergflanken. Schließlich bleibt am UNO-Posten nur die Umkehr.

i Praktische Hinweise

Hotel

*****Soli Inn**, an der Uferstraße von Gemikonağı/Lefke, Tel. 7 27 75 75 und 7 27 76 95, Fax 7 27 82 10, soliinn@northcyprus.net. Zimmer mit Balkon, Aussichtsterrassen und Swimmingpool.

Ziel zahlreicher Besuchergruppen sind die herrlichen Mosaikböden der Basilika von Soloi (2. Hälfte 4. Jh.)

Restaurant

Mardin, Ecevit Caddesi K. 88, Gemikonağı/Lefke, Tel. 7 27 74 39. Terrasse mit hübsch gedeckten Tischen direkt über dem Meer, beliebter sommerlicher Treff wohlhabender Bewohner aus Lefkoşa. Der kurdische Wirt bietet verfeinerte und in der Schärfe gemilderte Spezialitäten seiner Heimat.

52 Vuni/Vouni/Vounos

Palastruine mit Aussicht.

Ganz im Westen der Republik Nordzypern schraubt sich die Straße vom schmalen Strandstreifen landeinwärts in unzähligen Kurven zu den Ruinen des *Palasts von Vuni* hinauf. Immer wieder bieten sich Ausblicke, die im Gedächtnis bleiben: im Norden das tiefblaue Meer, im Osten die Berghöhen über dem Golf von Güzelyurt und im Westen die Steilküste, die sich jenseits der Demarkationslinie vor menschenleerer Landschaft zur Akamas-Halbinsel hin erstreckt.

Hier, 250 m über dem Meer, ließ sich wohl im frühen 5. Jh. v. Chr. ein Herrscher diese Palastanlage erbauen, die 1928/29 von schwedischen Archäologen freigelegt wurde. Es wird vermutet, dass der Hausherr, der von der Höhe aus den Kupferort Soli [Nr. 51] an der Küste kontrollierte, persischer Herkunft war, denn der ursprüngliche Bau war keine typisch griechische Anlage, sondern nach dem Vorbild eines orientalischen Liwans – mit einer Haupthalle, die sich zu einem Innenhof öffnet – angelegt. Später scheint der Palast nach dem Muster mykenischer Paläste umgestaltet worden zu sein.

Der Grundrissplan am Eingang des **Archäologischen Geländes** (tgl. 9–13, 14–16.45 Uhr) unterscheidet etwa 50 Räume nach ihren Funktionen, vor allem Wirtschaftsräume und Magazine. Er informiert auch darüber, wo sich die Wasserleitungen und beheizten Bäder befanden. Und neben dem ältesten Schwitzbad – so heißt es – soll es hier auch die älteste Latrine Zyperns gegeben haben. Vor den *Repräsentationsräumen* führen die Stufen einer breiten Freitreppe auf die Terrasse mit der grandiosen Aussicht über das Meer.

i Praktische Hinweise

Restaurant

Aspava, im Ort Yedidalga östlich von Vuni, Tel. 7 27 76 21. Das Lokal bietet täglich frischen Fisch. Terrasse unter Akazien am Meer (auch Umkleidekabinen).

CYPRUS AIRWAYS

Zypern aktuell A bis Z

Vor Reiseantritt

ADAC Info-Service:
Tel. 018 05/10 11 12, Fax 018 05/30 29 28 (0,14 €/Min.)

ADAC im Internet:
www.adac.de
www.adac.de/reisefuehrer

Zypern im Internet:
www.visitcyprus.org.cy
www.nordzypern-touristik.de

Süden

Cyprus Tourism Organisation (CTO)

Deutschland

Zeil 127, 60313 Frankfurt/Main, Tel. 069/25 19 19, Fax 069/25 02 88, info@cto-fra.de

Wallstr. 27, 10179 Berlin, Tel. 030/23 45 75 90, Fax 030/23 45 75 92, cto_berlin@t-online.de

Österreich

Parkring 20, 1010 Wien, Tel. 01/5 13 18 70, Fax 5 13 18 72, zyperntourism@aon.at

Schweiz

Gottfried-Keller-Str. 7, 8001 Zürich, Tel. 04 42 62 33 03, Fax 04 42 51 24 17, ctozurich@bluewin.ch

Norden

Nordzypern Tourismuszentrum GmbH, Baseler Str. 35–37, 60329 Frankfurt/Main, Tel. 069/24 00 79 46 , Fax 069/24 00 79 48, info@nordzypern-touristik.de

North Cyprus Tourism Promotion, Lefkoşa, North Cyprus, Tel. 00 90/392/228 10 57 und 00 90/392/228 10 33, Fax 00 90/392/228 56 25, www.northcyprus.cc

Allgemeine Informationen

Reisedokumente

Süden

Es genügt der Personalausweis, nur bei Kreuzfahrten in die Nachbarstaaten benötigt man einen Reisepass. Bei Kindern unter 16 Jahren reicht der Eintrag in den Reisepass der Eltern. Auch die Einreise aus dem Nordteil der Insel in die Republik Zypern ist uneingeschränkt möglich.

Norden

Für den Grenzübertritt von der Republik Zypern in den Nordteil der Insel genügt der Personalausweis, an der Grenze wird ein Blattvisum ausgegeben, das bei der Rückkehr in den Süden wieder abzugeben ist.

Bei der Einreise mit Fähre oder Flugzeug nach Nordzypern ist ein länger als 30 Tage dauernder Aufenthalt anzugeben.

◁ *Zyprische Impressionen, die Fotografenherzen höher schlagen lassen: rosa Flamingos am Flughafen von Larnaka, Zypriote beim Päuschen, Folkloregruppe, Koch am Grill und Pope beim Hühnerfüttern*

Kfz-Papiere

Führerschein und Fahrzeugschein sind nötig, die Internationale Grüne Versicherungskarte wird empfohlen. Für den Norden muss eine Kfz-Haftpflichtversicherung am Grenzübergang abgeschlossen werden. Leihwagen dürfen nicht vom Norden in den Süden fahren.

Krankenversicherung

In ab 2006 neu ausgegebenen Versicherungskarten ist die **Europäische Versicherungskarte** integriert. Sie sichert in der gesamten EU die Gesundheitsversorgung. Empfohlen wird ein Auslands-Krankenschutz mit Kranken-Rücktransport, für das nicht zur EU gehörende Nordzyperndie private Versicherung.

Zollbestimmungen

Süden

Abgabefreier Reisebedarf: 800 Zigaretten oder 400 Zigarillos oder 200 Zigarren oder 1 kg Tabak sowie 10 l Spirituosen (über 22 %) oder 20 l Schaumwein/Aperitiv oder 90 l andere Weine. Antiquitäten dürfen nur mit einer offiziellen Genehmigung des Zypern-Museums in Lefkosia ausgeführt werden.

Norden

Zollfrei eingeführt werden dürfen 400 Zigaretten oder 50 Zigarren oder 500 g Tabak sowie 1 l Spirituosen oder 1 l Wein und 100 ml Parfüm.

Generell verboten ist die Ausfuhr von archäologischen Funden und Antiquitäten.

Geld

Süden

Seit 1.1.2008 gilt in der Republik Zypern der Euro.

Kreditkarten werden in fast allen Hotels, Restaurants und Läden akzeptiert. In den größeren Städten gibt es viele *Bankomaten*.

Norden

Offizielle Währung ist die *Neue Türkische Lira – Yeni Türk Lirası* (YTL), die im Vergleich zu den alten Scheinen 6 Nullen weniger hat. Im Umlauf sind Scheine zu 1, 5, 10, 20, 50, 100 YTL sowie Münzen zu 1, 5, 10, 25 und 50 Yeni Kuruş und 1 YTL.

Kreditkarten werden im Gegensatz zu den meisten ausländischen Währungen nur selten akzeptiert. Dagegen werden Reiseschecks von allen Banken, Hotels und Wechselbüros angenommen. Bargeld kann in den Städten von Geldautomaten abgehoben werden. *Devisen* können unbegrenzt eingeführt werden, große Beträge müssen bei der Einreise angemeldet werden.

Tourismusämter im Land

Süden

Die Auskunftsstellen der Cyprus Tourism Organisation (CTO) sind im Text unter ›Praktische Hinweise‹ aufgeführt.

Zentrale der CTO (nur für schriftliche Anfragen), Leoforos Lemesou 19, P. O. Box 24535, CY 1390, Lefkosia (Nikosia), Fax 22 33 16 44, cytour@cto.org.cy.

Zu den nützlichen Informationsmaterialien der CTO zählen das ›Cyprus Travellers Handbook‹, der ›Guide to Hotels, Travel Agencies and other Tourist Services‹ (mit Preisen), Prospekte über Ferienorte im Gebirge, Naturlehrpfade, eine Übersicht über wichtige Veranstaltungen sowie Karten zu den wichtigsten Orten. Auf Anforderung werden sie gratis zugesandt.

Norden

Folgende Informationsbüros geben Auskunft: Flughafen Ercan (bei Lefkoşa), Tel. 231 40 03, Lefkoşa Tourist Information, Kyrenia-Tor, Tel. 227 29 94, Gazimağusa Tourist Information, Fevzi Çakmak Bulvarı 5, Tel. 366 28 64, Girne Tourist Information, am alten Hafen, Tel. 815 21 45

Notrufnummern

ADAC-Notrufzentrale München: Tel. 00 49/89/22 22 22 (rund um die Uhr)

ADAC-Ambulanzdienst München: Tel. 00 49/89/76 76 76 (rund um die Uhr)

Österreichischer Automobil Motorrad und Touring Club
ÖAMTC Schutzbrief-Nothilfe: Tel. 00 43/(0)1/251 20 00

Touring Club Schweiz
TCS Zentrale Hilfsstelle: Tel. 00 41/(0)224 17 22 20

Süden

Polizei, Feuerwehr, Krankenwagen: Tel. 199, 112

Apothekenbereitschaft (auch englischsprachig): Tel. 192

Pannenhilfe: AA Cyprus 24hours Breakdown, Chr. Mylona 12, Lefkosia, Tel. 22 31 31 31

Norden

Polizei: Tel. 155

Feuerwehr: Tel. 199

Krankenwagen: Tel. 112

Waldbrandmeldung: Tel. 177

Diplomatische Vertretungen

Süden

Deutschland
Botschaft der Bundesrepublik Deutschland, Nikitaras 10, 1080 Lefkosia; P. O. Box 25705, 1311 Lefkosia, Tel. 22 45 11 45, Fax 22 66 56 94

Österreich
Botschaft der Republik Österreich, Dimosthenous Severi Avenue 34, 1080 Lefkosia; P.O Box 23961, 1687 Lefkosia, Tel. 22 41 01 51, Fax 22 68 00 99

Schweiz
Botschaft der Schweiz, Themistokli Dervi 46, MEDCON Building, 1066 Lefkosia; P. O. Box 20729, 1663 Lefkosia, Tel. 22 46 68 00, Fax 22 76 60 08

Norden

Deutschland und Österreich

Die deutsche Botschaft unterhält ein Büro im Nordteil von Lefkosia. Sie ist von 9–12 Uhr geöffnet; Adresse: 28, Kazim 15,

Lefkoşa (in der Nähe der Tuncer-Schule), Tel. 2 27 51 61.

Besondere Verkehrsbestimmungen

Im Norden wie im Süden gilt *Linksverkehr*. *Tempolimits* (in km/h) für Pkw, Motorräder und Wohnmobile innerorts 50 (im Norden 45), außerorts 80 (im Norden 65), auf Autobahnen 100.

Kreisverkehr hat Vorfahrt. Auf den vorderen Sitzen gilt *Anschnallpflicht*, Kinder unter fünf Jahren müssen auf der Rückbank sitzen.

Mobiltelefone dürfen während der Fahrt nur mit Freisprechanlage benutzt werden.

Die **Promillegrenze** liegt in der Republik Zypern bei 0,9, im Norden bei 0,5. Eine Reduzierung ist geplant.

Zeit

Auf Zypern gilt OEZ, d.h. MEZ + 1 Std., auch während der Sommerzeit.

Elektrizität

Die Netzspannung beträgt 240 Volt. Es werden englische Steckdosen verwendet, ein Adapter ist sinnvoll.

Anreise

Fähre

Derzeit bestehen keine regelmäßigen Fährverbindungen von Griechenland in die **Republik Zypern**. Allerdings bietet Louis Cruise Lines ein- bis mehrtägige Kreuzfahrten von Zypern z.B. nach Israel oder Ägypten. **Info:**

Louis Cruise Lines, Franklin Roosevelt Ave. 150 A, 3045 Limassol, Tel. 25 57 00 00, Fax 25 57 33 20, www.louiscruises.com

Zum **Norden** verkehren Fähren zwischen Mersin und Gazimağusa/Famagusta sowie zwischen Taşucu bei Silifke (türk. Südküste) und Girne, während der Sommersaison Autofähren zusätzlich vom türkischen Anamur und Antalya nach Girne.

Flugzeug

In den **Süden** sind Direktflüge die Regel (Flughafen Larnaka oder Paphos (z.B. mit Cyprus Airways, www.cyprusairways.com), während Flüge in den **Norden** (Flughafen Ercan bei Lefkoşa) nur mit Zwischenlandung in Istanbul oder Antalya möglich sind, neuerdings aber auch ohne Wechsel der Maschine.

›Green-Line‹-Übergänge

Für Fahrzeug und Fußgänger: Metekan (in Nicosia), Pano Zodia (bei Morphou), Pyla (nördlich von Larnaka) und Ayios Nikolaos (westlich von Famagusta); Ledra Palace (Nicosia) nur für Fußgänger.

Bank, Post, Telefon

Bank

Süden

Öffnungszeiten in der Regel Mo–Fr 8.30–12.30, Mo vereinzelt auch 15.15–16.45 Uhr.

Norden

Die Banken haben Mo–Fr 8–12, im Winter oft auch 14–16 Uhr, Wechselstuben teils am Wochenende geöffnet. In größeren Städten gibt es *Wechselautomaten*.

Post

Süden

Öffnungszeiten in der Regel Mo–Fr 7.30–13.30, Do auch 15–18 Uhr, Winters 16–19 Uhr. Die Distrikt-Postämter in den großen Städten bieten Mo/Di und Do/Fr Nachmittagsservice und sind auch Sa 8.30–10.30 Uhr geöffnet; *Briefmarken* auch in Hotels und an Zeitungskiosken erhältlich.

Norden

Öffnungszeiten Mo–Fr 8–13 und 14–17, Sa 9–12 Uhr. Post ins Ausland wird über die Türkei befördert.

Sendungen vom Ausland in den Norden sind mit *Mersin 10/Türkei* zu adressieren (also nicht Zypern oder Nordzypern), andernfalls gehen sie in den Süden.

Telefon

Süden

Internationale Vorwahlen:

Republik Zypern 0 03 57
Deutschland 00 49
Österreich 00 43
Schweiz 00 41

Die Ortsvorwahlen wurden in die Teilnehmernummer integriert und müssen nun immer mitgewählt werden.

Telefonkarten erhält man an Kiosken. Auch *Münztelefone* vorhanden. Ermäßigte Gebühren für Auslandsgespräche nach 22 Uhr. Telefongespräche zwischen Süden und Norden sind derzeit nicht möglich.

Die Benutzung handelsüblicher GSM-**Mobiltelefone** ist auf Zypern möglich.

Man sollte sich vor Reiseantritt über das günstigste Netz vor Ort informieren und das eigene Handy entsprechend programmieren. Günstig telefonieren kann man auch mit den sog. *Prepaid Callbycards* (CYTA COMMcards).

Norden

Internationale Vorwahlen:
Türkische Republik Nordzypern
009 03 92 ansonsten wie im Süden (s. o.)

Telefonzellen sind im Norden noch nicht so häufig zu finden, ins Ausland telefoniert man von den Fernmeldeämtern *(Telekomünikasyon)* in den Städten Lefkoşa, Gazimağusa und Girne oder vom Hotel aus, auch wenn das teurer ist.

Mobiltelefone s. Süden.

Einkaufen

Öffnungszeiten: in der Regel Mo–Fr 8/10–13 und 16–19, Mi und Sa meist 8/10–13 Uhr; in den touristischen Zentren meist bis 20 Uhr (Sommers).

In den *Cyprus Handicraft Centres* kann man schönes traditionelles **Kunsthandwerk** erwerben: Keramik, handgewebte Stoffe, Kupfergerät und Silberfiligranschmuck. Man findet sie in Lefkosia (Athalassas Ave. 186, Tel. 22 30 50 24), Larnaka (Kosma Lysioti St. 6, Tel. 24 30 43 27), Limassol (Themidos St. 25, 25 30 51 18) und Paphos (Apostolos Pavlos Ave. 64, Tel. 26 30 62 43)

Kenner wissen die feinen *Hohlsaumstickereien* aus Lefkara und Omodos sowie die *Korbwaren* aus Geroskipou, Liopetri und Sotira zu schätzen.

Viele dieser Mitbringsel kann man auch preisgünstig in den städtischen **Markthallen** kaufen. Dort findet man auch eine Fülle von *Kulinaria*, vor allem Gewürze und Süßes wie Lokum-Gelee, Thymianhonig und eingelegte Früchte, nicht zu vergessen die landestypischen Rot- oder Weißweine, den süßen Likörwein Commandaria, den Zivania oder Ouzo und den milden zyprischen Brandy.

Freunde schönen *Glases* werden beim Glasbläser in Omodos [s. S. 69] fündig.

Essen und Trinken

Süden

Besonders abwechslungsreich ist das Angebot an **Vorspeisen** *(Mese)*. Da gibt es Auberginenmus *(Melantsanosalata)*, Joghurt mit gehackten Gurken *(Talaturi/Tsaisiki)*, Bauernsalat, gegrillten *Halumi*-Käse – eine Inselspezialität –, mariniertes Schweinegeräuchertes *(Lunza)*, kleine Fische, die mit Kopf und Gräten gegessen werden, pikant gebratene Leber- und größere Fleischstücke. *Full Mese*, also eine lange Reihe von manchmal 30 und mehr Gerichten, Vorspeisen und Hauptgerichten, die in der Mitte des Tisches auf kleinen Platten und Tellern serviert werden. Auch *Fisch-Mese* wird angeboten.

Bei den **Hauptgerichten** hat sich mit zunehmendem Wohlstand eine **Fleischküche** etabliert, deren große Portionen etwas für starke Esser sind. Typische Grillgerichte sind *Souvla*, gewaltige Fleischspieße, *Sheftalia* (in Lammdarm eingehülltes Fleisch), zu den Schmorspezialitäten zählen *Aphelia* (mariniertes Schweinefleisch in Rotweinsauce) und *Klephtiko* (im Lehmofen gegartes Lamm).

Fisch kommt meist gegrillt auf den Tisch und ist immer teuer, da das küstennahe Meer den Bedarf nicht mehr deckt.

Gute Restaurants verarbeiten frisches **Gemüse** und **Obst** aus der Umgebung; die Zahl der Betriebe, die ökologisch angebautes Gemüse anbieten, nimmt zu. Sehr lecker sind die saftigen zyprischen Bananen. Auf **Süßes** verstehen sich die Zyprioten – Kuchen sind oft honigsüß. Berühmt ist das Geleekonfekt, *Loukoumia* genannt. Typisch zypriotisch sind die *Susukia* – lange Schnüre aus Nüssen und karamellisiertem und geliertem Traubensaft.

Und die **Getränke**? Unvergleichlich schmeckt der frisch gepresste Saft aus zyprischen Orangen. Bier guter Qualität liefern die Brauereien *Keo* und *Carlsberg*. Traditioneller Aperitif ist *Brandy Sour*: ⅓ weicher zyprischer Brandy, ⅓ Limonensaft, ⅓ Sodawasser, 1 Spritzer Angostura, etwas Eis. Gute **Weine** kommen von den Südhängen des Troodos-Gebirges, z. B. die Weißweine *Aphroditi* und *Arsinoe* sowie die Rotweine aus der *Mavro*-Traube. Kenner halten viel von den gepflegten Tropfen des Chrysorogiatissa-Klosters [s. S. 85]. Hoch gepriesen wird der Dessertwein *Commandaria*. Beliebte **Spirituosen** sind *Ouzo* (Anisschnaps), *Zivania* (dem Grappa vergleichbar) und *Filfar* (aromatischer Orangenlikör). Leitungswasser kann in der Regel problemlos getrunken werden, gutes Mineralwasser ist überall erhältlich.

Norden

Außer Schweinefleischgerichten gibt es hier fast alle Spezialitäten wie im Süden, allerdings oft unter türkischen Namen. Beim **Fleisch** dominieren Grillgerichte *(Kebab)*. Solange sich die Zahl der Touristen noch in Grenzen hält, reicht der Fischfang für die Nachfrage nach Gerichten mit frischem **Fisch** aus.

Vorspeisen *(Mezeler)* sind meist interessanter gewürzt als im Süden. Joghurt mit Gurken, Minze und Knoblauch *(Cacık)*, Schafskäse *(Beyaz peynir)*, Sesamcreme mit Knoblauch *(Tahıne)* und Kichererbsenmus *(Hummus)* dürfen nicht fehlen, ebenso wenig wie der scharfe *Bulgur*, gekochter Weizen mit Kräutern und Tomatensoße.

Getrunken wird dazu *Rakı*, der dem Ouzo entspricht. Weine aus dem Norden gibt es kaum, dafür erhält man gute türkische Weine, z. B. *Villa Doluca* oder *Yakut*. Das wohlschmeckende Bier *Goldfassl* kommt aus der Brauerei eines in Famagusta ansässigen Österreichers. Für Orangensaft und Wasser gilt das Gleiche wie im Süden, aber nur im Norden gibt es das erfrischende Joghurtgetränk *Ayran*.

Kaffee wird im Norden wie im Süden als Mokka mit Zucker aufgekocht (süß, mittelsüß oder schwarz, gleich mitbestellen), mitteleuropäischer Geschmack wird mit Pulverkaffee bedient. Tee wird, anders als in der Türkei, aus Teebeuteln und heißem Wasser gebraut und schmeckt dementsprechend.

Feste und Feiern

Süden

Feiertage

1. Januar (Neujahr), 6. Januar *(Epiphanias)*, Grüner Montag (50 Tage vor dem orthodoxen Osterfest), 25. März (griechischer Unabhängigkeitstag), 1. April (griechisch-zypriotischer Nationalfeiertag), Ostern, 1. Mai (Tag der Arbeit), Pfingsten, 15. August (*Kimesis*, Mariä Entschlafung), 1. Oktober (zypriotischer Unabhängigkeitstag), 28. Oktober (griechischer Nationalfeiertag), 25./26. Dezember (Weihnachten).

Feste

Februar

Lemesos/Limassol: *Karneval* mit Umzügen, Maskenbällen und Kinder-Kostümparade.

April/Mai

Vielerorts: Sonntags Wagenumzüge zum Blumenfest *Anthestiria*.

Mai/Juni

Larnaka, Agia Napa etc.: Zu Pfingsten wird mit Bootsrennen, Volkstanz und Konzerten *Kataklysmo* gefeiert, das zypriotische ›Festival der Flut‹ zum Gedenken an die Errettung Noahs vor der Sintflut.

August

Paralimni: *Folklorefestival* mit Tanz und Musik.

September

Lemesos und Troodos-Dörfer: *Weinfeste* mit Gratis-Verkostung.

Agia Napa: *Festival* mit Musik, Tanz und Folklore.

Norden

Feiertage

1. Januar (Neujahr), 23. April (Tag des Kindes), 1. Mai (Tag der Arbeit), 19. Mai (Tag der Jugend und des Sports), 20. Juli (Jahrestag der türkischen Intervention 1974), 1. August (Tag des Widerstands), 30. August (Tag des Sieges über die Griechen 1922), 29. Oktober (Gründung der Türkischen Republik 1923), 15. November (Proklamation der Türkischen Republik Nord-Zypern).

Die *islamischen* Feiertage, an denen Behörden und viele Läden geschlossen haben, orientieren sich am Mondkalender. Dazu zählen *Şeker bayramı*, das Zuckerfest am Ende des Fastenmonats Ramazan, und das viertägige *Kurban bayramı*, das Opferfest. Die Termine erfährt man bei den Fremdenverkehrsämtern.

Feste

Mai

Girne: Hafenschau mit bunt geschmückten Segelschiffen.

Juni

Güzelyurt: *Orangenfest* mit folkloristischen Darbietungen.

Juli

Yeni Iskele: Beim *See-Festival* werden Wettbewerbe ausgetragen.

September

Girne: Mozart-Festival (alle 2 Jahre, 2008, 2010 etc.)

Kirchen und Moscheen

Vor allem *Dorfkirchen* sind meist verschlossen. Am besten fragt man dann im nächsten Haus oder im Kafenion des Ortes nach dem Küster, in Nordzypern nach dem *Muhtar*, dem Gemeindevorsteher. Angemessene Kleidung, der Verzicht auf laute Gespräche und auf Blitzlichtaufnahmen verstehen sich von selbst. Vor dem Betreten einer *Moschee* müssen die Schuhe abgelegt werden und Frauen müssen den Kopf bedecken.

Klima und Reisezeit

März und April sowie der Oktober gelten wegen der angenehm milden Temperaturen, der herrlichen Blütenfülle und der guten Wandermöglichkeiten als ideale Reisezeit. Wer in erster Linie baden möchte, der wird den Sommer bevorzugen. Meeresbrisen machen dann die hohen Temperaturen erträglich. Im Winter kann es im Gebirge schneien, auch im Dezember und Januar gibt es aber durchschnittlich sechs Stunden Sonnenschein täglich – das macht Zypern auch zu einem Winterurlaubsort.

Klimadaten Zypern

Monat	Luft (°C) min./max.	Wasser (°C)	Sonnen- std./Tag	Regen- tage
Januar	8/17	16	6	13
Februar	8/17	15	7	11
März	9/19	16	7	9
April	13/23	18	9	5
Mai	16/26	21	11	2
Juni	19/30	23	13	0
Juli	21/32	24	12	0
August	22/33	24	12	0
September	20/31	26	11	1
Oktober	16/27	25	9	4
November	12/22	20	7	6
Dezember	10/19	16	6	12

Kultur live

Süden

In den Badeorten finden von Frühjahr bis Herbst Theater- und Opernaufführungen, Konzerte und Volkstanzdarbietungen statt. Über Veranstaltungen informiert das von der Cyprus Tourism Organisation (CTO) herausgegebene *Monthly Events* und das Jahresprogramm *Diary of Events*. Hier einige Highlights des Jahresprogramms:

Ganzjährig

Lefkosia: Theateraufführungen und Konzerte im Stadttheater (Leoforos Moussio, Tel. 22 46 30 28). Konzerte, Ballett und Ausstellungen im ›Famagusta Gate-Kulturzentrum‹ und im Kulturzentrum der Bank von Zypern (Phaneromenis 86–90, Tel. 22 67 71 34).

April

Larnaka: Festival klassischer Musik.

Juni

Paphos: Chorfestival im antiken Odeon.

Juli

Larnaka: Festival mit Theater-, Opern- und Tanzveranstaltungen.

Lemesos: Internationales Kulturfestival.

Juni/Juli

Vielerorts: Internationales Kunstfest mit Musik-, Tanz- und Theaterdarbietungen.

Kourion: Hochrangiges Jazz- und Klassik-Festival im Amphitheater.

Limassol: Amathusia-Festival mit Musik und Tanz in den antiken Ruinen.

September

Larnaka: Filmfestival.

Lefkosia: Internationales Kulturfestival.

Paphos: Operninszenierung am Hafenkastell beim Aphrodite-Festival.

Vielerorts: *Kypria* – internationales Festival mit Theater, Tanz, Musik und Film.

November

Larnaka: *Monat der Schönen Künste* mit zahlreichen Ausstellungen.

November–Februar

Agia Napa: *Kultur-Winter* mit Konzerten, Theater- und Ballettaufführungen.

Norden

Kulturelle Veranstaltungen haben hier noch den Reiz des Seltenen. Doch gibt es von Frühjahr bis Herbst in Girne, Bellapais, Salamis und Gazimağusa Konzerte, Theater- und Opernaufführungen.

Mai/Juni

Bellapais: Musikfest.

Juli/August

Girne: *Kulturfestival* mit Bühnenaufführungen und Konzerten.

Gazimağusa: *Musik-* und *Kulturfestival.*

Nachtleben

Süden

Diskotheken findet man in den Badeorten. In-Adressen erfährt man an der Hotelrezeption oder auch bei der Tourist Information. Gleiches gilt für die *Folklore-Shows* mit Tanz und griechischer (Bouzoukia-)Musik.

Norden

Viele Hotels versuchen mit *Spielkasinos* Gäste anzulocken, vor allem aus der Türkei, seit dort aufgrund religiöser Proteste derartige Vergnügungsorte schließen mussten. Das mit 3000 Plätzen angeblich größte Spielkasino Osteuropas ist das *Kyrenia Jasmine Court* (www.jasminecourt hotel.com) bei Girne. Diskotheken gibt es in Girne, Gazimağusa und Lefkoşa.

Sport

Süden

Nützliche Adresse und Webseiten unter www.explore-cyprus.com

Angeln und Fischen

Angelscheine für die zahlreichen Stauseen stellt aus: Department of Fisheries, Head Office, Aiolou 13, CY 1416 Lefkosia, Tel. 22 80 78 62, Fax 22 77 59 55.

Fürs Hochseefischen kann man in fast jedem Hafen Boote finden, u. a. in Agia Napa, Paralimni/Protaras, Potamos Liopetriou, Zygi, Larnaka, Pyrgos, Paphos, Agios Georgios Pegeias und Polis.

Baden

48 Stränden wurde die begehrte *Blaue Flagge* verliehen, mit der einwandfreie Wasserqualität, aber auch ein hoher Umwelt- und Sicherheitsstandard gewährleistet ist. Nach einer EU-Studie haben Zyperns Küsten im Vergleich mit allen EU-Staaten die beste Wasserqualität.

Manches Hotel verlangt am Strand für Liegen und Sonnenschirme eine Gebühr. Öffentliche Badestrände mit Umkleidekabinen, Sonnenschirmen und Liegen sind ausgeschildert.

Die schönsten Sandstrände (von Ost nach West): Paralimni-Protaras, Agia Napa (östlich vom Fischerhafen und westlich der Altstadt), Larnaka (nördlich der Stadt und südlich bis zum Flughafen und zum Kap Kiti), Governor's Beach, Lady's Mile Beach an der Halbinsel Akrotiri, Pissouri, Kourion, Coral Bay und westlich von Polis am Golf von Chrysochos.

Golf

Freunden des grünen Sports stehen drei 18-Loch-Plätze zur Verfügung: im Westen in den Bergen nahe Paphos der *Tsada Golf Club* und *The Secret Valley Golf Club* beim Aphrodite-Felsen. Info: Cyprus Golf Resort Ltd., Tel. 26 64 27 74, Fax 26 64 27 76, www.cyprusgolf.com. Ebenfalls beim Aphrodite-Felsen liegt der Golfplatz *Aphrodite Hills Golf*, Tel. 26 82 82 00, Fax 26 82 82 01, www.aphroditehills.com.

Radsport

Fahrräder und Mountainbikes können in den Städten und Badeorten ausgeliehen werden. Die *Cyprus Cycling Federation* (Tel.22 44 98 70, Fax 22 44 98 71) beschreibt in ihrem Prospekt *Fahrradtouren auf Zypern* rund 20 Bergtouren.

Reiten

Informationen erteilt die *Cyprus Equestrian Federation*, P. O. Box 27445, 1645 Lefkosia, Tel. 22 87 21 72.

Segeln

Die zyprischen Gewässer werden als Segelrevier immer beliebter. Jachteigner finden Marinas vor und mehrere Agenturen in Lemesos und Lefkosia bieten Jachtcharter an, mit oder ohne Kapitän und Mannschaft, z. B. *Sail Fascination Shipping Ltd.*, Lemesos, Tel. 25 36 42 00, Fax 25 35 26 57.

Tauchen

Tauchbasen mit Ausrüstungsverleih gibt es in fast jedem Badeort. Auskunft erteilt die *Cyprus Federation of Underwater Activities* (CFUA), P. O. Box 21503, 1510 Lefkosia, Tel. 22 75 46 47. Infos auch unter www.cydive.com. Für Notfälle steht im Larnaka Makarion General Hospital (Tel. 24 63 03 00) eine Dekompressionskammer zur Verfügung. Es ist strengstens verboten, antike Fundstücke oder Schwämme aus dem Meer zu holen.

Tennis

Auskunft über Tennisplätze erhält man bei der *Cyprus Tennis Federation*, Lefkosia, Tel. 22 44 98 60/61, Fax 22 66 80 16, www.cyprustennis.com.

Wandern

Vor allem im fast 2000 m hohen *Troodos-Gebirge* findet man teilweise markierte und ausgeschilderte Wanderwege, ebenso am *Kap Greco* im Osten und im künftigen Nationalpark der *Akamas-Halbinsel* im Westen. Empfehlenswerte kürzere Wanderungen (2–5 km) bieten sich in der Region von *Lefkosia* im Adelfoi Forest und im Marathasa-Tal, im Umkreis von *Larnaka* bei Vavatsinia und bei Lefkara oder im Umkreis von *Lemesos* bei Agros an. 2007 erschien ein neuer CTO-Wanderführer. Neu sind auch mehrere Naturlehrpfade und ein Europa-Wanderweg quer über die Insel. Örtliche Agenturen bieten geführte Wanderungen an. Wanderferien kann man auch über deutsche Reiseveranstalter buchen.

Wintersport

Skisaison am Olympos (1951 m) im Troodos-Gebirge ist in der Regel von Anfang Januar bis Ende März. Lifte, gespurte Langlaufloipen und Sporthotels sind vorhanden. Auskunft: *Cyprus Ski Club*, Amfipoleos 21, 2025 Strovolos, Lefkosia, Tel. 22 44 98 37, Fax 22 44 98 38, www.cyprusski.com.

Norden

Bis auf Golfspielen kann man alle oben genannten Sportarten auch im Norden der Insel ausüben. *Wassersportzentren* gibt es vor allem in Girne, ebenso Reitzentren wie auch in der Region um Gazimağusa. Der Golfplatz bei Lefke wurde renoviert, ist vor allem fürs Training nutzbar.

Die schönsten Sandstrände (von Ost nach West): Karpaz-Halbinsel, Gazimağusa/Salamis, Esentepe östlich und Sunset Beach bei Alsancak westlich von Girne.

Statistik

Lage: Zypern liegt im östlichen Mittelmeer ca. 70 km vom türkischen Festland im Norden und 100 km von Syrien im Osten entfernt.

Fläche, Bevölkerung: Zypern, nach Sizilien und Sardinien die drittgrößte Insel im Mittelmeer, umfasst insgesamt 9251 km^2. Rund 760 000 Bürger leben in der durch die türkische Besetzung von 1974 auf etwa 63 % ihrer Fläche reduzierten *Republik Zypern*. Die nur von der Türkei anerkannte *Türkische Republik Nordzypern* zählt 200 000 Einwohner, darunter zahlreiche anatolische Siedler (3242 km^2). Unter den Griechisch sprechenden Zyprioten im Süden leben nur einige Türkisch sprechende (z. B. in Pyla), wie umgekehrt im Norden nur wenige Griechisch sprechende Zyprioten. Die *Religion* der griechischen Zyprioten ist griechisch-orthodox, die türkischen Zyprioten sind sunnitische Muslime. Einige tausend christliche Maroniten können frei zwischen dem Norden und Süden hin- und herreisen. Etwa 3 % der Inselfläche nehmen in der Republik Zypern die britischen *Militärstützpunkte* ein. Im Norden sind türkische Truppen stationiert, genaue Zahlen fehlen jedoch.

Städte: Das geteilte Lefkosia/Lefkoşa/Nikosia (rund 215 000 Einw.), Lemesos/Limassol (170 000 Einw.), Larnaka (75 000 Einw.) und Paphos (50 000 Einw.).

Wirtschaft: Im *Süden* erwirtschaften die Bürger der Republik Zypern das höchste Pro-Kopf-Einkommen im östlichen Mittelmeer. Der Tourismus mit fast 3 Mio. Besuchern jährlich erbringt etwa zwei Fünftel der gesamten Deviseneinkünfte aus Warenexport und Dienstleistungen. Außerdem produziert die Kleinindustrie (Nahrungsmittel, Lederwaren) 25 % des Bruttoinlandsprodukts, die Landwirtschaft aufgrund von Wasserknappheit nur 5 %.

Der *Norden* ist infolge der fehlenden internationalen Anerkennung in einer schlechteren wirtschaftlichen Situation. Die Besucherzahlen liegen nur bei etwa 200 000 jährlich. Außer Tourismus wird hauptsächlich Landwirtschaft betrieben.

Unterkunft

Agrotourismus

In der Republik Zypern wurden in vielen Dörfern traditionelle Häuser restauriert und z. T. sehr komfortabel ausgestattet. Auskunft bei CTO in Lefkosia/Nikosia, Tel. 22 67 42 64, oder über das Internet: www.agrotourism.com.cy. Auch im Norden werden Ferienhäuser auf dem Land angeboten [Infostellen s. S. 127].

Camping

Für den Süden nennen die Zypern-Reiseinformationen wie beispielsweise das *Cyprus Travellers Handbook* gut ausgestattete Campingplätze mit allen Einrichtungen in den wichtigsten Ferienregionen. Daneben gibt es zahlreiche nicht von der

CTO lizensierte Zeltplätze. Im Norden sorgen die Gemeindebehörden für Campingplätze.

Ferienhäuser und -wohnungen

Hotelapartments mit eigener Küche stehen vor allem im *Süden* in großer Anzahl preisgünstiger als Hotelzimmer zur Verfügung. Ebenso kann man vielerorts Häuser, seltener hingegen Privatzimmer mieten. Auch im *Norden* werden mittlere und größere Ferienanlagen ohne Hotelservice (Self Catering) angeboten.

Hotels

Die Hotels in beiden Teilen Zyperns sind in fünf *Kategorien* (1–5 Sterne) eingeteilt und werden im **Süden** durch die CTO überwacht, die auch Höchstpreise vorschlägt. Die Preise in der *Nebensaison* von Mitte November bis Mitte März sind oft erheblich günstiger als in der *Hauptsaison* von Mitte Juni bis Ende August/Anfang September. Mit deutlich über 100 000 Hotelbetten können bescheidene wie luxuriöse Ansprüche erfüllt werden; insbesondere verfügt die Republik Zypern über hervorragende Vier- und Fünf-Sterne-Hotels. Jährlich neu ist bei der CTO der nützliche *Guide to Hotels and other Tourist Establishments*.

Im **Norden** ist das Hotelangebot quantitativ begrenzt, aber vielfältig. Es gibt Anlagen bis zur Fünf-Sterne-Kategorie. Auch viele kleinere und mittlere Familienbetriebe bemühen sich um die Gäste. Ein Verzeichnis mit Preisen bietet jährlich Hotelführer *Hotel Guide of Northern Cyprus*.

Generell sind die *Preisunterschiede* zwischen Süden und Norden erheblich. Im Süden ist die Ausstattung meist komfortabler und moderner, dafür beträgt z. B. im Norden der Höchstpreis eines Doppelzimmers im Fünf-Sterne-Hotel etwa 100 US-Dollar, im Süden ist mit 200 US-Dollar die Spitze noch längst nicht erreicht. Ähnliches trifft auch für andere Kategorien zu.

Jugendherbergen

Auf Zypern gibt es fünf *Youth Hostels* Auch wer keinen Internationalen Jugendherbergsausweis besitzt, kann hier unterkommen. Rechtzeitig reservieren! **Info:**

Cyprus Youth Hostel Association,
Theofanos Theodotou 34, 1065 Lefkosia,
Tel. 22 67 00 27, Fax 22 67 28 96,
montis@logos.cy.net

Einen Nachlass bei Tickets und Einkäufen bietet die europäische **Youth Card** jungen Reisenden (13–26 Jahre) auch in Zypern. Info: www.euro26.org

Verkehrsmittel im Land

Bus und Taxi

Neben den innerstädtischen Buslinien sind die Verbindungen zwischen den Städten und auf dem Land im Süden wie im Norden touristisch wichtig. Letztere verkehren jedoch oft nur ein- oder zweimal täglich. Die Alternative sind Taxis. Im Süden wie im Norden verkehren auch *Servicetaxis* (Sammeltaxi), im Norden *Dolmuş* genannt, in die 4–7 Gäste passen. Die ›ländlichen Taxis‹ fahren zu Festpreisen. Für den Süden hat die CTO eine *Domestic Transport Information* herausgegeben: Strecken, Fahrpläne, Preise und Busunternehmen. Über die Abfahrtszeiten von Intercity-Bussen zwischen den Städten im Süden informiert www.intercitybuses.com.

Mietwagen

In den Städten und größeren Orten kann man Wagen, auch klimatisierte Fahrzeuge und Geländewagen, zu international gesehen vergleichsweise günstigen Preisen mieten.

Im **Süden** sind die großen internationalen Anbieter wie Avis, Europcar und Hertz vertreten, daneben aber auch mehrere einheimische Firmen.

Im **Norden** tritt neben Budget eine Vielzahl kleinerer Mietwagen-Unternehmen auf. Als preisgünstig und verlässlich gelten vor allem *Atlantic* (Dome Hotel, Tel. 8 15 30 53, Fax 8 15 56 73) und *Oscar* (Kordon Boyu, Tel. 8 15 22 72, Fax 8 15 38 58), beide in Girne.

Für Mitglieder bietet die **ADAC Autovermietung GmbH** bei Mietwagen günstige Bedingungen, Buchungen über die Geschäftsstellen oder unter Tel. 018 05/31 81 81 (0,14 €/Min.).

Schiff

Schiffsausflüge entlang der Küste, zu Buchten und Stränden werden in den meisten Badeorten angeboten. In der Saison sind von Lemesos aus auch Kurz-Kreuzfahrten nach Ägypten und Israel, mit Pyramidenbesuch und Shopping im Angebot.

Sprachführer

Griechisch für die Reise

Das Wichtigste in Kürze

Ja / Nein	Nä / 'Ochi	Ναι / Όχι
Bitte / Danke	Paraka'lo / Efchari'sto	Παρακαλώ / Ευχαριστώ
Ich verstehe Sie nicht.	δen sas katala'wäno	Δεν σας καταλαβαίνω.
Können Sie mir bitte helfen?	Bo'rite na me woi'θisete, paraka'lo	Μπορείτε να με βοηθήσετε, παρακαλώ;
Ich möchte …	'θelo …	Θέλω…
Haben Sie …?	'Echete …	Έχετε… ;
Wie viel kostet …?	'Posso kostisi …	Πόσο κοστίζει…;
Guten Morgen!	Kali'mera	Καλημέρα!
Guten Tag!	Kali'mera / 'Chärete	Καλημέρα! / Χαίρετε!
Guten Abend!	Kali'spera	Καλησπέρα!
Hallo! / Grüß Dich!	Jassu	Γεια σου!
Wie ist Ihr Name, bitte?	Poss 'inä to 'ono'ma sas, paraka'lo	Πώς είναι το όνομά σας, παρακαλώ;
Mein Name ist …	To'ono'ma mu 'inä …	Το όνομά μου είναι…
Auf Wiedersehen!	A'dio	Αντίο!
Tschüs!	'Jassu	Γεια σου!

Unterwegs

Wo ist die nächste … Bank / Polizei?	Pu 'inä i e'pomeni … 'trapesa / astino'mia	Πού είναι η επόμενη … τράπεζα / αστυνομία;

Wochentage

Montag	δe'ftera	Δευτέρα
Dienstag	'Triti	Τρίτη
Mittwoch	Te'tarti	Τετάρτη
Donnerstag	'Pempti	Πέμπτη
Freitag	Paraske'wi	Παρασκευή
Samstag	'Sawwato	Σάββατο
Sonntag	Kiria'ki	Κυριακή

Monate

Januar	Ianu'arios	Ιανουάριος
Februar	Fewru'arios	Φεβρουάριος
März	'Martios	Μάρτιος
April	A'prilios	Απρίλιος
Mai	'Maios	Μάιος
Juni	'Iunios	Ιούνιος
Juli	'Iulios	Ιούλιος
August	'Awgustos	Αύγουστος
September	Se'ptemwrios	Σεπτέμβριος
Oktober	O'ktowrios	Οκτώβριος
November	No'emwrios	Νοέμβριος
Dezember	δe'kemwrios	Δεκέμβριος

Zahlen

0	mi'den	μηδέν
1	'ena	ένα
2	'δio	δύο
3	'tria	τρία
4	'tessera	τέσσερα
5	'pente	πέντε
6	'exi	έξι
7	e'fta	επτά
8	o'chto	οκτώ
9	e'nnia	εννιά
10	'deka	δέκα
11	'enteka	έντεκα
12	'δodeka	δώδεκα
13	δeka'tria	δεκατρία
14	δeka'tessera	δεκατέσσερα
15	δeka'pente	δεκαπέντε
16	δeka'exi	δεκαέξι
17	δekae'fta	δεκαεφτά
18	δekao'chto	δεκαοχτώ
19	δekae'nnia	δεκαεννιά
20	'ikossi	είκοσι
21	ikossi'ena	εικοσιένα
22	ikossi'dio	εικοσιδύο
30	tri'anta	τριάντα
40	sa'ranta	σαράντα
50	pe'ninta	πενήντα
60	e'xinta	εξήντα
70	ewδo'minta	εβδομήντα
80	o'gδonta	ογδόντα
90	ene'ninta	ενενήντα
100	eka'to	εκατό
200	δia'kossia	διακόσια
1000	'chilia	χίλια
2000	'δio chili'ades	δύο χιλιάδες
10000	'δeka chili'ades	δέκα χιλιάδες
100000	eka'to chili'ades)	εκατό χιλιάδες
1/2	mi'sso	μισό
1/4	'ena 'tetarto	ένα τέταρτο

Bitte, wo ist … der Fährhafen / der Flughafen?	Paraka'lo pu 'inä … to li'mani ton feri'bot / to aero'δromio	Παρακαλώ πού είναι … το λιμάνι των φεριμποτ / το αεροδρόμιο;
Ist das der Weg/ die Straße nach …?	'Inä af'tos o 'δromos / i o'dos ja …	Είναι αυτός ο δρόμος / η οδός για …;
Ich möchte mit … dem Bus/ der Fähre/ dem Flugzeug nach … fahren.	'θelo na 'pao me … to leofo'rio / to feri'bot / to aero'plano sto …	Θέλω να πάω με … το λεωφορείο / το φεριμπότ / το αεροπλάνο στο …

Tankstelle

Wo ist die nächste Tankstelle?	Pu 'inä to e'pomeno pra'tirio kaf'simon	Που είναι το επόμενο πρατήριο καυσίμων;
Ich möchte … Liter … Super / Diesel / bleifrei.	θa 'iθela … 'litra … 'super / 'disel / a'moliwδi.	Θα ήθελα … λίτρα … σούπερ / ντίζελ / αμόλυβδη.
Bitte prüfen Sie … den Reifendruck / den Ölstand / den Wasserstand.	Paraka'lo e'legxte … tin 'piesi stis 'rodes / tin 'stathmi la'dion / tin 'stathmi ne'ru	Παρακαλώ ελέγξτε … την πίεση στις ρόδες / την στάθμη λαδιών / την στάθμη νερού.

Panne, Unfall

Ich habe eine Panne.	'Echo 'wlawi	Έχω βλάβη.
Der Motor startet nicht.	O kini'tiras δen a'nawi	Ο κινητήρας δεν ανάβει.
Gibt es hier in der Nähe eine Werkstatt?	I'parchi e'δo ko'nta 'ena sine'rgio	Υπάρχει εδώ κοντά ένα συνεργείο;
Können Sie mir einen Abschleppwagen schicken?	Bo'rite na mu 'stilete 'ena rimu'lko	Μπορείτε να μου στείλετε ένα ρυμουλκό ;
Rufen Sie bitte schnell … einen Krankenwagen / die Polizei.	Fo'naxte paraka'lo 'grigora … 'ena nosokomia'ko / tin astino'mia	Φωνάξτε παρακαλώ γρήγορα … ένα νοσοκομειακό / την Αστυνομία.
Es war (nicht) meine Schuld.	(δen) 'eftäxa	(Δεν) έφταιξα.
Geben Sie mir bitte Ihren Namen und Ihre Adresse.	'δoste mu paraka'lo to 'ono-'ma kä tin di'efθi'nsi sas	Δώστε μου παρακαλώ το όνομα και την διεύθυνσή σας.
Ich brauche die Angaben zu Ihrer Autoversicherung.	Chri'asomä ta stichia tis a'sfalias tu aftoki'nitu sas	Χρειάζομα τα στοιχεία της ασφάλειας του αυτοκινήτου σας.

Krankheit

Können Sie mir einen Arzt/Zahnarzt empfehlen?	Bo'rite na mu ipo'δixete 'enan ja'tro / oδo'ntiatro	Μπορείτε να μου υποδείξετε έναν γιατρό / οδοντίατρο;
Wann hat er Sprechstunde?	Pi'es 'ores 'dechetä asθe'nis	Ποιες ώρες δέχεται ασθενείς;
Wo ist die nächste Apotheke?	Pu 'inä to e'pomeno farma'kio	Πού είναι το επόμενο φαρμακείο;
Ich brauche ein Mittel gegen … Durchfall / Fieber / Verstopfung / Zahnschmerzen.	Chri'asomä 'ena 'farmako gia … δi'aria / pire'to / δikili'otita / po'noδonto	Χρειάζομαι ένα φάρμακο για.… διάρροια / πυρετό / δυσκοιλιότητα / πονόδοντο.

Im Hotel

Können Sie mir bitte ein Hotel empfehlen?	Bo'rite na mu si'stisete 'ena xenodo'chio	Μπορείτε να μου συστήσετε ένα ξενοδοχείο;
Haben Sie … ein Einzelzimmer / ein Doppelzimmer … mit Dusche / mit Bad … für eine Nacht / für eine Woche?	'Echete … 'ena mo'noklino δo'matio / 'ena 'δiklino δo'matio … me dus / me 'banio … ja 'mia 'nichta / ja 'mia ewδo'mada	Έχετε … ένα μονόκλινο δωμάτιο / ένα δίκλινο δωμάτιο … με ντους / με μπάνιο … για μία νύχτα / για μία εβδομάδα ;

Hinweise zur Aussprache

' die nachfolgende Silbe wird betont
δ wie englisches ›th‹ in ›the‹, mit der Zungenspitze hinter den Zähnen
θ wie englisches ›th‹ in ›thank‹, mit der Zungenspitze zwischen den Zähnen

Sprachführer

Türkisch für die Reise

Das Wichtigste in Kürze

Ja / Nein	*Evet/Hayır*
Bitte / Danke	*Lütfen/Teşekkür*
Entschuldigung!	*Özür dilerim!*
Ich verstehe Sie nicht.	*Sizi anlamıyorum.*
Können Sie mir bitte helfen?	*Lütfen bana yardım edermisiniz?*
Ich möchte …	*Ben … istiyorum.*
Haben Sie …?	*Sizde … varmı?*
Wie viel kostet das?	*Bunun fiyatı nedir?*
Guten Morgen!	*Günaydın!*
Guten Tag!	*lyi günler!*
Guten Abend!	*lyi akşamlar!*
Hallo!/Grüß dich!	*Hallo!/Selam!*
Wie ist Ihr Name, bitte?	*Sizin isminiz, lütfen?*
Mein Name ist …	*Ismim …*
Auf Wiedersehen!	*Tekrar gürüşmek üzere!*
Tschüs!	*lyi günler!*
gestern/heute/morgen	*dün/bügün/yarın*
am Vormittag/ am Nachmittag	*öğleyin/ öğleden sonra*
am Abend/in der Nacht	*akşam/gece*
um 1 Uhr/2 Uhr …	*saat 1'de/2'de …*

Wochentage

Montag	*pazartesi*
Dienstag	*salı*
Mittwoch	*çarşamba*
Donnerstag	*perşembe*
Freitag	*cuma*
Samstag	*cumartesi*
Sonntag	*pazar*

Zahlen

0	*sıfır*	19	*ondokuz*
1	*bir*	20	*yirmi*
2	*iki*	21	*yirmibir*
3	*üç*	22	*yirmiiki*
4	*dört*	30	*otuz*
5	*beş*	40	*kırk*
6	*altı*	50	*elli*
7	*yedi*	60	*altmış*
8	*sekiz*	70	*yetmiş*
9	*dokuz*	80	*seksen*
10	*on*	90	*doksan*
11	*onbir*	100	*yüz*
12	*oniki*	200	*ikiyüz*
13	*onüç*	1000	*bin*
14	*ondört*	2000	*ikibin*
15	*onbeş*	10000	*onbin*
16	*onaltı*	100000	*bir milyon*
17	*onyedi*	1/4	*çeyrek*
18	*onsekiz*	1/2	*yarım*

Monate

Januar	*ocak*
Februar	*şubat*
März	*mart*
April	*nisan*
Mai	*mayıs*
Juni	*haziran*
Juli	*temmuz*
August	*ağustos*
September	*eylül*
Oktober	*ekim*
November	*kasım*
Dezember	*aralık*

Maße

Kilometer	*kilometre*
Meter	*metre*
Kilogramm	*kilogram*
Pfund	*yarım kilo*

Unterwegs

Nord/Süd/ West/Ost	*kuzey/güney/ batı/doğu*
geöffnet/geschlossen	*açık/kapalı*
geradeaus/links/ rechts/zurück	*direk/sol/ sağ/geri*
Wie weit ist das?	*Ne kadar uzak?*
Wo ist die nächste Bank/Polizei?	*En yakın banka/ polis nerede?*
Bitte, wo ist der … Bahnhof/Busbahnhof/ Fährhafen /Flughafen?	*Lütfen … tren garı/otogar/ liman/havalimanı nerede?*
Ist das der Weg/ die Straße nach …?	*… giden Yol/giden cadde bu mu?*
Ich möchte mit … dem Zug/ dem Schiff/ der Fähre/ dem Flugzeug … nach … fahren.	*Ben … tren/ gemi/ feribot/ uçak … ile … gitmek istiyorum.*

Zoll, Polizei

Ich habe etwas (nichts) zu verzollen.	*Gümrüklük eşyam (yok) var.*
Hier ist die Kaufbescheinigung.	*Bu satın alma belgesi.*
Hier ist mein … Geld/Pass/ Kfz-Schein.	*Bu benim … param/passaportum/ arabamın kağıdı.*
Ich fahre nach … und bleibe … Tage/ Wochen.	*Ben … gideceğim ve … gün kalacağım/ hafta.*

Ich möchte eine Anzeige erstatten.	*Ben bir şikayet de bulunacağım.*
Man hat mir … Geld/die Tasche/ die Papiere gestohlen.	*Benim … paramı/çantamı/ evraklarımı çaldılar.*
Verständigen Sie bitte das Deutsche Konsulat.	*Lütfen arayın Alman Konsolosluğunu.*

Bank, Post, Telefon

Ich möchte Geld wechseln.	*Ben para bozdurmak istiyorum.*
Wie lautet die Vorwahl für …?	*… telefon kodu nedir?*
Wo gibt es Telefonkarten/Briefmarken?	*Telefon kartı/ Posta pulu … nerede var?*

Tankstelle

Wo ist die nächste Tankstelle?	*En yakın benzinlik nerede?*
Ich möchte … Liter … Super/Diesel/ bleifrei/ verbleit mit … Oktan.	*Ben … litre … süper/dizel/ kurşunsuz/ kurşunlu … oktanlı istiyorum.*
Bitte prüfen Sie … den Reifendruck/ den Ölstand/ den Wasserstand/ die Batterie.	*Lütfen … teker basıncını/ yağ durumunu/ su seviyesini/ aküyü … kontrol edin.*

Panne

Ich habe eine Panne.	*Benim arabam arızalandı.*
Der Motor startet nicht.	*Motor çalışmıyor.*
Gibt es hier in der Nähe eine Werkstatt?	*Burada yakında bir tamirhane varmıdır?*
Können Sie meinen Wagen abschleppen?	*Arabamı çeke bilirmisiniz?*
Können Sie den Wagen reparieren?	*Arabayı tamir edebilirmisiniz?*

Unfall

Hilfe!	*Yardım!*
Achtung!/Vorsicht!	*Dikkat!*
Rufen Sie bitte schnell einen Krankenwagen/ die Polizei.	*Lütfen, acilen bir ambulanz/ polisi.*
Es war (nicht) meine Schuld.	*Bu benim suçum (değildi).*
Geben Sie mir bitte Ihren Namen und Ihre Adresse.	*Lütfen bana isminizi ve adresinizi veriniz.*
Ich brauche die Angaben zu Ihrer Autoversicherung.	*Bana hakkında bilgi vermeniz gerekir araba sigortanız.*

Krankheit

Können Sie mir einen guten Arzt/Zahnarzt empfehlen?	*Siz bana iyi bir doktor/ bir diş doktoru tavsiye edebilirsiniz?*
Wann hat er Sprechstunde?	*Ne zaman görüşme saatı var?*
Wo ist die nächste Apotheke?	*En yakın eczane nerede?*
Ich brauche ein Mittel gegen … Durchfall/ Fieber/ Verstopfung/ Zahnschmerzen.	*Benim … ishale/ ateşe/ kabıza/ diş ağrısına … karşı ilaca ihtiyacım var.*

Im Hotel

Können Sie mir ein Hotel empfehlen?	*Siz bana bir hotel tavsiye edebilirmisiniz?*
Haben Sie … ein Einzelzimmer/ Doppelzimmer … mit Bad/Dusche/ für eine Nacht/ für eine Woche?	*Sizde … bir kişilik/ iki kişilik … banyolu/duşlu/ bir geceliğine/ bir haftalığına?*
Was kostet das Zimmer mit Frühstück/ mit Halbpension?	*Oda fiyatı ne kadar kahvaltı ile/ yarım pansiyon?*

Im Restaurant

Wo gibt es ein gutes/günstiges Restaurant?	*Nerede iyi/hesaplı bir restoran vardır?*
Die Speisekarte/ Getränkekarte, bitte.	*Yemek listesi/içecek listesi, lütfen.*
Ich möchte das Tagesgericht/ Menü …	*Ben günün menüsünü/ menüyü … istiyorum.*
Haben Sie vegetarische Gerichte?	*Sizde vejetaryan yemekleri varmı?*
Die Rechnung, bitte!	*Hesap, lütfen!*

Hinweise zur Aussprache

c	wie ›dsch‹, Bsp.: Naci = Na*dschi*, Haci = Ha*dschi*
ç	wie ›tsch‹, Bsp.: Çoban = *Tsch*oban
ğ	Bsp.: Oğlan = *Owlan* (das *w* nur mitschwingen lassen, wie im Englischen: Howard)
ı	(i ohne Punkt) zwischen ›a‹ und ›i‹ liegend
ş	wie ›sch‹
v	w, Bsp.: Evet – Ewet
z	s, Bsp.: Sizi – Sisi (weiches *s* wie in Saison)

Register

Impressum

Redaktionsleitung: Dr. Dagmar Walden
Lektorat und Bildredaktion: Cornelia Greiner, München
Aktualisierung: Cornelia Schubert
Karten: Astrid Fischer-Leitl, München
Herstellung: Martina Baur
Druck, Bindung: Stürtz GmbH, Würzburg
Printed in Germany

Gedruckt auf chlorfrei gebleichtem Papier

Ansprechpartner für den Anzeigenverkauf: Kommunalverlag GmbH & Co KG, MediaCenterMünchen, Tel. 089/92 80 96-44

ISBN 978-3-89905-527-6

Neu bearbeitete Auflage 2008

Bildnachweis

Umschlag-Vorderseite: Blick von den imposanten Ruinen der antiken Basilika von Kourion aufs Meer. *Foto: Huber, Garmisch-Partenkirchen (L. Schmid)*

Titelseite
Oben: Sonnenuntergang am Strand von Kourion (Wh. von S. 52)
Mitte: Die Selimiye-Moschee in Lefkoşa (Wh. von S. 86/87)
Unten: Die römischen Ruinen von Salamis (Wh. von S. 102/103)

AKG, Berlin: 12, 13 (2), 14 (2), 45 – Bildagentur Huber, Garmisch-Partenkirchen: 116/117 (Schmid) – Rainer Hackenberg, Köln: 7 oben, 8 Mitte, 15 (2), 88 unten, 90 (oben rechts, Mitte, unten rechts), 91, 92, 93 (2), 94 (2), 96, 97 oben, 98, 99 unten, 102/103, 104, 106, 107 (2), 108 oben, 109 (2), 110 unten, 112 oben, 118 (2), 122, 123 – laif, Köln: 19 (Puschner), 24, 32 unten (Puschner), 34 (Puschner), 40 (Puschner), 44 oben (Puschner), 47 (2, Puschner), 61 (Puschner), 72 (Zanetti), 88 oben (Krause), 89 (Krause), 90 oben links (Krause), 97 unten (Krause), 99 oben (Krause), 105 (Krause), 115 (Puschner), 119 (Krause), 121 (Krause), 125 (Krause), 126 Mitte (2, Puschner) – Michael Neumann, Tutzing: 51, 108 unten, 124 – Gino Russo, Savona: 11 unten, 21 oben, 22, 26 oben, 90 unten links – Martin Thomas, Aachen: 6 Mitte, 80, 101, 112 unten, 126 unten rechts – Thomas Widmann, Regensburg: 6 unten, 9 (2), 16/17, 21 unten, 23, 25, 27, 28, 29, 30 unten, 32 oben, 33, 35 (2), 37 unten, 38 (2), 39 (2), 42 unten, 49, 50, 54 oben, 57, 59 unten, 62, 63 (2), 64, 66, 68, 69 unten, 70, 73, 77 unten, 78, 79 oben, 81 (2), 82, 85 (2), 86/87, 110 oben, 114, 126 oben – Ernst Wrba, Sulzbach/Taunus: 8 oben und unten, 10 unten, 11 oben, 20, 26 unten, 30 oben, 37 oben, 41, 42 oben, 44 unten, 48 (2), 52, 53, 54 unten, 58, 59 oben, 60/61, 65, 67 (2), 69 oben, 75, 77 oben, 79 unten, 83 (2), 84, 126 unten links

ADAC
reisemagazin
Reisen mit Lust und Laune.
ADAC reisemagazin BRETAGNE
Rau, aber herzlich
ADAC reisemagazin FLORIDA
Sonne, Sand & Sterne
ADAC reisemagazin MÜNCHEN
Die bewegte Stadt
ADAC reisemagazin ROM
Ewig schön, ewig jung
ADAC reisemagazin TOSKANA
Sanfte Hügel, süßes Leben
ADAC reisemagazin TÜRKEI
Mehr erleben
ADAC reisemagazin VIETNAM
LAOS & KAMBODSCHA
Stop-over zwischen den Zeiten
ADAC reisemagazin WIEN
Glanzvoller Auftritt
Die Reisemagazine vom ADAC gibt es für Städte, Länder und Regionen.
Alle zwei Monate neu.
www.adac.de/reisemagazin